Yvonne Willicks

DIE 111 ULTIMATIVEN HAUSHALTSFRAGEN

Yvonne Willicks

DIE 111 ULTIMATIVEN HAUSHALTSFRAGEN

September 2021, 1. Auflage

info@edition-essentials.com

Für das WDR Fernsehen wird die Sendereihe „Der Haushalts-Check mit Yvonne Willicks" von der solisTV Film- und Fernsehproduktion GmbH hergestellt.

Produzent	Stefan Wichmann
Redaktion solisTV	Katrin Boecker
Redaktion im WDR	Klaus Brock

Redaktion	Yvonne Willicks, Stefanie von Drathen
Lektorat	Eva-Maria Thürmer
Layout, Satz und Illustrationen	TW Werbeagenten Heidelberg GmbH
Bildnachweise	Luca Siermann

Danke an Wolf-Haus GmbH, Musterhaus Mannheim

Gedruckt in Deutschland.

ISBN: 978-3-947670-09-3

Yvonne Willicks

DIE 111 ULTIMATIVEN HAUSHALTSFRAGEN

Oft gestellt, endlich beantwortet

VORWORT

Hallo, Ihr Lieben!

Ich nenn Euch so, weil ich viele von Euch geradezu vor mir sehe, während ich diese Zeilen schreibe. Nicht in persona natürlich, aber durch die vielen, vielen Fragen, die Ihr mir in den Jahren meiner Fernseharbeit gestellt habt.

Meine Redaktion im WDR, die Produktionsfirma und den Verlag erreichen ebenso Eure Anliegen wie mich selbst über die sozialen Medien. (Ja, ich betreue die Seiten selbst, darum schaffe ich es auch nicht immer, jedem sofort zu antworten.)

Viel Post kommt natürlich per E-Mail, aber es schreiben mir auch viele Menschen teils sehr persönliche Briefe. Da möchte Elfriede aus Münster wissen, warum ihre Waschmaschine so müffelt. Bernd aus Recklinghausen lebt in Trennung, und seine Lebensgefährtin hat alle Messer mitgenommen. Worauf soll er beim Neukauf achten? Eine Ordensschwester backt für ihr Leben gern Brot und hätte gerne einen Tipp für eine neue Maschine. Ihr Lieblingsrezept mit Gelinggarantie hat sie mir gleich mit dazugelegt.

Ich gebe generell keine Kaufempfehlungen für bestimmte Produkte, das wissen die meisten von Euch wahrscheinlich schon. Auch in den TV-Sendungen des Haushalts-Checks im WDR machen wir das nicht. Der WDR ist als öffentlich-rechtlicher Sender nicht nur neutral, sondern verpflichtet, unabhängig und unbestechlich zu sein. Ich möchte einfach keine Werbung machen, sondern möglichst neutral informieren über Eigenschaften und Vor- und Nachteile eines Produkts.

Irgendwann habe ich angefangen, mit meiner Co-Autorin Stefanie von Drathen, die auch meinen Blog unter www.yvonnewillicks.de mit betreut, alle Zuschriften zu

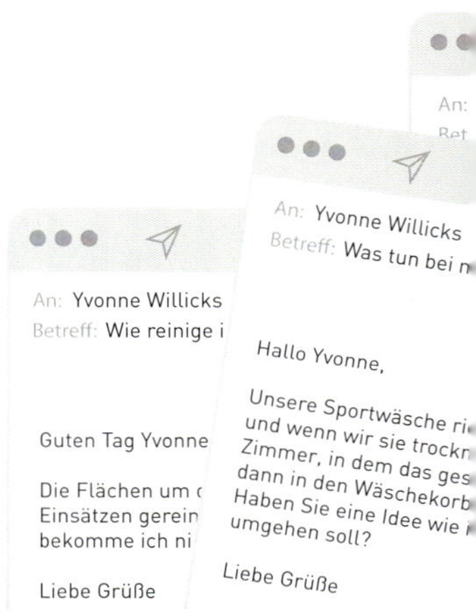

sammeln. Dabei ist uns aufgefallen, dass ziemlich viele von Euch im Haushalt vor den gleichen Problemen stehen. Denn sehr oft wiederholen sich Fragen in verschiedenen Facetten. Bestes Beispiel: Das Thema „Fensterputzen". Wir haben nicht gezählt, aber gefühlt gehören die Unklarheiten darüber, wie Scheiben streifenfrei sauber werden, wie viele Waschmittel tatsächlich nötig sind, und die Frage, ob Putzlappen in der normalen Wäsche mitgewaschen werden können, zu den häufigsten Gründen, mir zu schreiben.

Was lag also näher, als die 111 meistgestellten Fragen für Euch zusammenzufassen?

Nichts! Und wir freuen uns, dass Ihr das Buch mit all den Antworten jetzt in den Händen haltet.

Schreibt uns gern, wie es Euch gefällt!

Herzliche Grüße

Eure
Yvonne & Steffi

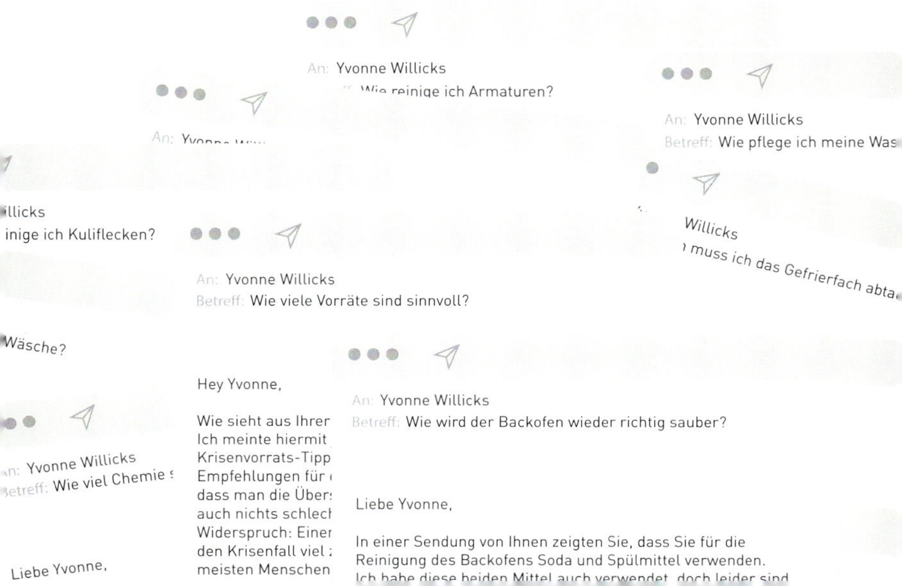

RICHTIG PUTZEN

In der Vorbereitung und bei der Recherche zu diesem wichtigen Kapitel habe ich mit Erstaunen gelesen, dass laut einer Forsa-Umfrage 10 % der Befragten überhaupt nie – NIE – den Putzlappen schwingen, staubsaugen oder das Klo säubern. Übrigens sechsmal mehr Männer als Frauen. Oha! Ich weiß von meinem Sohn, dass er auch kein Putzfreund ist (wie die meisten Männer, leider; die Hauptarbeit liegt da immer noch bei den Frauen), obwohl ich ihm das anders vermitteln wollte. Aber spätestens, wenn er ein Date hat, ruft er kurz mal durch und fragt, womit er den Boden am besten saubermacht. Ich gehe davon aus, dass er auch mal eben durchs Bad geht und aller Wahrscheinlichkeit nach auch das Bett frisch bezieht. Ich frag ihn gleich mal danach ... ;-)

Zu meinen Lieblingsaufgaben im Leben gehört es übrigens auch nicht, den stets wiederkehrenden Dreck wegzumachen, aber gewusst wie und mit intelligenten Helfern und Mitteln ist das alles wirklich keine Raketenwissenschaft und dauert auch nicht so lange wie eine Reise zum Mond.

Gar nicht zu putzen verstehe ich wirklich nicht. Die Reinigung und Pflege der Räume, Möbel und Materialien dient ja auch dem Werterhalt. Aber gut, vielleicht ist es auch ein Modell, von einer möblierten und irgendwann verdreckten Wohnung in die nächste zu ziehen. Für die meisten von Euch ist es das aber sicher nicht, das merke ich an den vielen Zuschriften gerade zum Thema PUTZEN.

KÜCHE

1 Wie halte ich die Küche sauber?

Es ist schön, wenn der Küchenboden krümelfrei ist und wenn die Oberflächen alle frisch abgewischt glänzen. Allerdings sollte dazu immer ein sauberer Lappen benutzt werden, sonst werden die Keime im ganzen Raum verteilt. Und was sonst noch zu einer guten Küchenhygiene gehört, lest Ihr auf Seite 12 und 13.

2 Wie oft muss ich Lappen wechseln?

Keime vermehren sich am besten in einem feuchten Milieu bei Temperaturen zwischen 20 und 40 Grad. Ihr könnt ja mal raten, wo sie das in der Küche finden. Putzlappen und Schwämme bieten Keimen optimale Lebensbedingungen. Deswegen sollten sie jede Woche ausgetauscht werden. Putzlappen, Wischmopps und Co. können bedenkenlos mit der normalen 40-Grad-Wäsche mitgewaschen

BESSER PUTZEN – MEIN UMWELTTIPP

Seit ich mich schweren Herzens aus Umweltgründen von Mikrofasertüchern verabschiedet habe, verwende ich selbstgemachte Baumwolllappen aus ausrangierten T-Shirts, Küchentüchern oder Handtüchern. Die sind garantiert weich und fusselfrei und eignen sich auch für empfindliche Möbel. Unterhemden, T-Shirts oder Betttücher in Vierecke schneiden, mit der Nähmaschine umketteln, fertig. Die Putzlappen flusen und kratzen nicht und lassen sich bei hoher Temperatur waschen. Auch mit gehäkelten oder gestrickten Lappen habe ich gute Erfahrungen gemacht.

werden, wenn Ihr pulverförmiges Waschmittel verwendet und niemand in Eurem Haushalt krank ist. Solltet Ihr Flüssigwaschmittel benutzen, dann bitte bei mindestens 50 Grad waschen!

3 Wie wird der Backofen wieder sauber?

Nach jedem Gebrauch den Backofen auswischen, damit erst gar nichts einbrennen kann. Immer ausreichend große Backformen und Bräter benutzen, so dass nichts überläuft. Krusten mit ein wenig Spüli-Wasser (ein paar Stunden) einweichen. Danach vorsichtig mit einem Schaber die aufgeweichten Reste entfernen. Bei sehr hartnäckigen Verschmutzungen helfen Natronlauge, Waschsoda oder eine Backpulverpaste. Dafür drei bis vier Tütchen mit Wasser anrühren, auftragen und mit

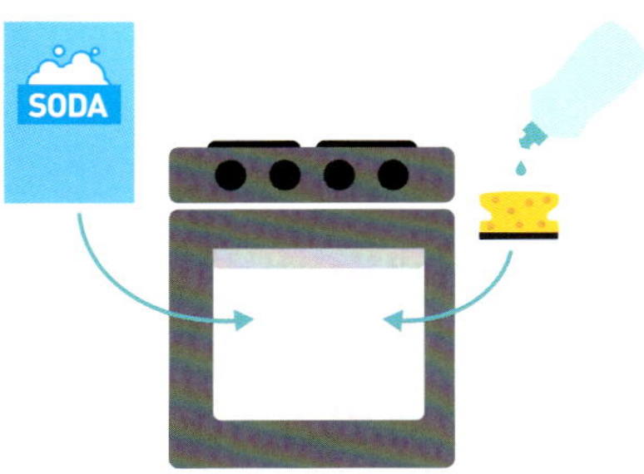

Tipp 3: Hilft garantiert gegen Verkrustungen: Großzügig Salz aufs Backblech streuen und im Ofen bei 50 Grad 15 Minuten einwirken lassen. Danach Blech abwaschen.

KÜCHENHYGIENE

BESONDERE HYGIENE FÜR KRITISCHE LEBENSMITTEL

- ☐ Immer mit gewaschenen Händen arbeiten.
- ☐ Lebensmittel gut abwaschen.
- ☐ Fleisch und Fisch immer zum Schluss zubereiten.
- ☐ Fleisch und Wurst aus der Verpackung nehmen und umfüllen.
- ☐ Beim Auftauen von Fleisch oder Geflügel die Auftauflüssigkeit auffangen und Verunreinigungen mit Küchenkrepp entfernen.
- ☐ Fisch nicht lange lagern und aus der Verpackung nehmen. Für die Zubereitung ein extra Brett verwenden.
- ☐ Verbrauchsdatum von Hackfleisch, Fisch und Ähnlichem unbedingt einhalten.
- ☐ Beeren rasch in den Kühlschrank und zeitnah verwenden.
- ☐ Bei Sprossen sollte die Kühlkette bis zum Verzehr gehalten werden.

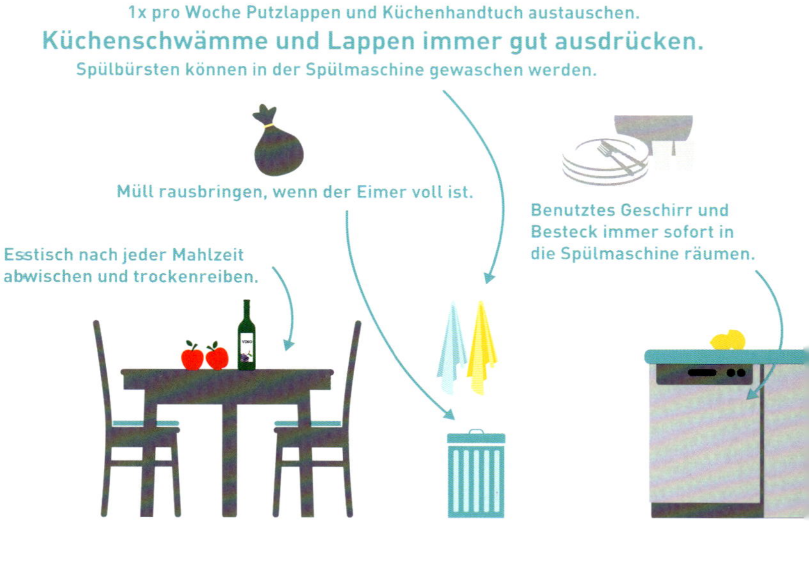

SCHNEIDEBRETTER

- Schneidebretter nach jedem Gebrauch gründlich säubern und gut trocknen lassen.

- Für Fleisch, Fisch, Gemüse und Gekochtes unterschiedliche Bretter verwenden.

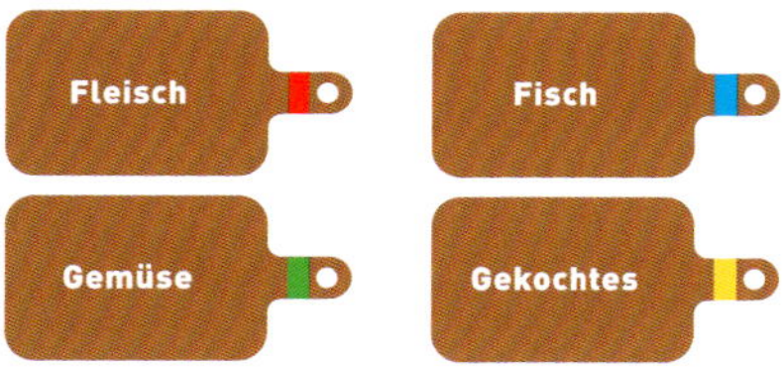

DESINFEKTION

Hygienereiniger oder Desinfektionsmittel sind im Privathaushalt nicht notwendig, solange niemand an einer infektiösen Krankheit leidet.

1x im Monat Kühlschrank ausräumen, mit Essigwasser auswischen und trockenreiben.
Herausnehmbare Teile per Hand mit heißem Wasser und Spüli abwaschen.
Tautropfrinne mit Ohrenstäbchen säubern.

Arbeitsflächen, Kochfelder und Backofen sauber halten.
Nach jedem Gebrauch ab- oder auswischen.
Verschüttetes sofort aufwischen.

Küchenpapier abdecken. Am besten über Nacht einwirken lassen. Verkrustungen auf dem Backblech können mit normalem Salz gelöst werden. Großzügig Salz aufs Backblech streuen. Im Ofen bei 50 Grad 15 Minuten einwirken lassen. Abwaschen und fertig.

4 Wie reinige ich eingebrannte Töpfe?

Spüli-Lauge in Topf füllen, kurz aufkochen und einweichen lassen, gerne über mehrere Stunden. Sollte die Methode nicht helfen, Waschsoda auf den feuchte Topfboden streuen, einweichen lassen und dann mit einer Bürste reinigen.

5 Wie werden schlierige Töpfe wieder blank?

Blaue oder bunte Schlieren auf rostfreiem Edelstahl-Kochgeschirr entstehen durchs Kochen und Spülen. Es handelt sich dabei um die sogenannte „Passivschicht" des Edelstahls. Sie hat keinen Einfluss auf Gebrauchsfähigkeit, Kocheigenschaft oder Geschmack. Die Verfärbungen verschwinden, wenn sie mit Essig- oder Zitronensäure behandelt werden.

6 Wie kriege ich die Glasdeckel wieder strahlend?

Wenn der Topfdeckel im Geschirrspüler nicht sauber wird, zunächst

Einstellungen überprüfen und Salz nachfüllen. Wenn das nicht hilft, den Deckel mit einem feuchten Schwamm mit reichlich Backpulver einmassieren und wie gewohnt spülen. Das führt in der Regel zu glänzenden Ergebnissen. Alternativ: Ein Schuss Essigessenz, Salmiakgeist oder Zitronensäure in das mit warmem Wasser gefüllte Spülbecken. Deckel ungefähr eine halbe Stunde einweichen. Anschließend gut abtrocknen und mit dem Handtuch nachpolieren.

7 Wie reinige ich Schneidebretter?

Schneidebretter nach jedem Gebrauch gründlich mit heißem Wasser und etwas Spülmittel abschrubben. Bretter stehend trocknen lassen. Ich empfehle, Küchenbretter farblich zu kennzeichnen und für verschiedene Lebensmittel zu verwenden: rot für Fleisch, blau für Fisch, grün für rohes Gemüse und Salat, gelb für Gekochtes. Holz- und Kunststoffbretter eignen sich gut, da sie weich und nachgiebig sind. Hartes Material wie Glas, Porzellan, Bambus oder Granit

Tipp 7: Mit einer Abreibung aus Salz und Zitrone verschwinden Gerüche von Schneidebrettern.

Tipp 9: Ein Schleifstein schärft stumpfe Klingen ganz einfach und zuverlässig.

lässt Messer schnell abstumpfen. Hygienetechnisch ist regelmäßiges Reinigen entscheidender als das Material. Kunststoff kann in die Spülmaschine, das ist natürlich praktisch und zeitsparend.

8 Können Küchenmesser in die Spülmaschine?

Auch wenn die Hersteller was anderes sagen: Schneidemesser gehören nicht in die Spülmaschine. Auch und vor allem wegen der Verletzungsgefahr beim Ein- und Ausräumen. Außerdem kann Flugrost die Klinge beschädigen. Messer nach Benutzung einfach unter warmem Wasser mit Spüli abwaschen und direkt abtrocken. Dann hat man länger Freude an einer scharfen Klinge.

9 Wie schärfe ich Messer?

Selbst die besten Klingen nutzen durch Gebrauch ab. Zum Nachschleifen empfehle ich eine Messermaus (Schleifstein). Da kann man im Gegensatz zum Wetzstahl nix falsch machen. Außerdem hält der Wetzstahl den Grad nur so lange scharf, wie eine Schneide vorhanden ist. Ist diese komplett abgerieben, bringt der Wetzstahl nichts mehr. Eine Messermaus dagegen trägt Material ab und schärft die Klinge neu.

10 Wie reinige ich ein Ceranfeld?

Alle Kochfelder sollten nach jedem Kochvorgang feucht mit Reiniger abgewischt werden, sonst brennen sich die übergekochten Reste ein. Diese sind dann nur noch sehr schwer zu entfernen. Ist etwas auf dem Ceranfeld eingebrannt, mit Wasser und ein wenig Spüli mindestens eine Stunde lang einweichen. Mit einem Ceran-Schaber Stellen vorsichtig versuchen abzukratzen. Bitte keine Scheuermilch verwenden, das zerkratzt das Glas.

11 Fleckiger Edelstahl – was tun?

Durch zu viel Reiniger entstehen oft unschöne Schlieren auf Edelstahl-Oberflächen. Mit einer Waschsoda-Spüli-Lösung kann der Pflegefilm abgewaschen werden. Danach mit klarem Wasser abwischen und anschließend mit einem weichen Tuch trockenreiben. Bitte bei Edelstahl keine Mikrofasertücher verwenden, dass kann die Oberfläche zerkratzen – siehe Tipp 16.

12 Wie putze ich Küchenfronten?

HOCHGLANZFRONTEN werden mit einem weichen Lappen und Spüli-Lauge wieder glänzend. Küchenmöbel nach dem Abwischen trockenreiben. Bei Hochglanzfronten nie Mikrofasertücher oder Schmutzradierer einsetzen, die verkratzen die Oberfläche.

MATTE KÜCHENFRONTEN werden auch mit Spüli-Lauge geputzt. Hier kann durchaus ein Mikrofasertuch verwendet werden. Gegen fettige Fingerabdrücke hilft Wasser mit einem Schuss Spiritus. Immer erst an einer verdeckten Stelle testen.

13 Können Mikrofasertücher Oberflächen beschädigen?

Mikrofasern haben eine tolle Reinigungswirkung – auch ohne Reiniger. Das liegt an ihrer Struktur. Ihre Fasern sind so mini, dass sie tief in die Oberflächen eindringen können. So können sie Schmutzpartikel besonders gründlich aufnehmen. Allerdings können dadurch auch nicht sichtbare, aber vorhandene Unebenheiten im Material vertieft werden, z. B. in Holz oder in polierten Flächen. Daher sind nicht alle Mikrofasertücher für alle Materialien geeignet. In der Regel steht auf der Verpackung, für welchen Einsatz das jeweilige Tuch gedacht ist.

14 Wie reinige ich verfärbte Plastikdosen?

Vorratsdosen, die sich durch Beeren oder Gewürze verfärbt haben, bleichen in der Sonne wieder aus.

Die Dose tagsüber in die knalle Sonne zu stellen, reicht meist schon.

Alternativ: Behälter mit Salat- oder Rapsöl oder Zitronensaft auswischen und dann wie gewohnt nachspülen.

15 Wie säubere ich Silberbesteck?

Angelaufenes Silberbesteck strahlt nach einem Kartoffelwasserbad wieder wie neu. Besteck in heißem Kartoffelwasser eine Stunde lang ziehen lassen und anschließend gründlich polieren. Auch eine Abreibung mit Backpulver oder etwas Zahnpasta und einem weichen

BESSER EINPACKEN – MEIN UMWELTTIPP

Statt in Vorratsdosen aus Plastik oder Alufolie können Brote prima in Bienenwachsfolie aufbewahrt und transportiert werden. Da tropft nichts und die Brote bleiben lange frisch. Auch geöffnete Dosen oder Lebensmittelreste können damit gut und luftdicht abgedeckt werden. Gesäubert wird sie unter kaltem Wasser mit etwas Spüli. Danach ist sie gleich wieder einsatzbereit. Und das Beste: Bienenwachsfolie ist ganz einfach herzustellen.

Tipp 12: Hochglanzfronten immer mit weichen Lappen behandeln, sonst gibt es Kratzer auf der Oberfläche.

Tuch bringt gute Ergebnisse. Danach Gabeln und Messer gut abspülen. Vom Alufolien-Trick – zerknüllte Alufolie, drei Esslöffel Salz und Wasser in einen Topf; Besteck dazu und ein paar Minuten kochen – raten einige Silberexperten ab. Dabei ist der Effekt immer wieder erstaunlich

16 Wie reinige ich angelaufenes Cromargan-Besteck?

Nach einer gewissen Zeit kann auch Cromargan-Besteck anlaufen. Cromargan ist ein säurefester Edelstahl mit einem besonders hohen Chromanteil. Er ist säurefest, nicht rostend und spülmaschinenfest. Das Besteck strahlt wieder nach einer Behandlung mit Essig- oder Zitronensäure. Die meisten Flecken lassen sich aber mit einfachem Edelstahlreiniger mühelos entfernen. Bitte keine Stahlwolle oder Scheuermittel verwenden, sie können die Oberfläche beschädigen. Besser sind weiche Tücher oder Schwämme.

BIENENWACHSFOLIE SELBER MACHEN

DAS BRAUCHT IHR:

- ☐ Stoffreste aus Baumwolle oder Leinen
- ☐ Ein paar Gramm Bienenwachspastillen in Bio-Qualität
- ☐ Etwas Oliven- oder Jojobaöl
- ☐ Backpinsel
- ☐ Backpapier

SO GEHT ES:

- ☐ Den Stoff auf das gewünschte Maß schneiden.
- ☐ Stoff auf ein mit Backpapier ausgelegtes Backblech legen und mit etwas Oliven- oder Jojobaöl einstreichen.
- ☐ Bienenwachspastillen auf das Tuch legen.
- ☐ Danach kommt das Tuch bei 85 Grad Ober- und Unterhitze für fünf Minuten in den Backofen, bis die Pastillen schmelzen. Das flüssige Wachs dann mit einem Pinsel verstreichen.
- ☐ Das noch warme Tuch zum Trocknen aufhängen.
- ☐ Schon nach kurzer Trockenzeit ist das selbstgemachte Bienenwachstuch einsatzbereit.

17 Wie entferne ich Flugrost?

In der Spülmaschine kann sich auch auf rostfreien Besteckteilen oder Kochgeschirr Rost bilden. Dieser sogenannte Flugrost wird durch andere nicht rostfreie Gegenstände in der Spülmaschine (z. B. Schrauben) übertragen. Flugrost kann zu Korrosionsschäden führen, wenn er nicht entfernt wird. Rostflecken lassen sich mit Edelstahlreiniger wegpolieren. Auch ein Bad in warmem Essigwasser (1 Teil Essig, 5 Teile Wasser, ca. 1 Stunde Einwirkzeit) lässt die meisten Flecken auf Edelstahlbestecken schnell verschwinden. Anschließend Besteck gut abtrocknen.

Tipp 17: Flugrost auf Besteck kann ganz einfach mit Edelstahlreiniger entfernt werden. In der Maschine kann er zu Korrosionsschäden führen.

18 Wie säubere ich meine hohen Vasen?

Wo die Flaschenbürste nicht hinkommt, bleiben im Innern von Vasen oft hässliche Ränder und Verfärbungen zurück. Dagegen helfen Zitronensäure und Backpulver. Dazu die Vase bis zum Verfärbungsrand mit Wasser füllen. Einen Esslöffel Zitronensäure hinzufügen. Dann das Backpulver. Am besten über Nacht stehen lassen.

PUTZMATERIAL

19 Welche Reinigungsmittel sind im Haushalt wirklich nötig?

- ☐ Ein **SPÜLMITTEL** fürs Geschirr.
- ☐ Ein **SÄUREREINIGER** (Zitronensäure oder Essigsäure) gegen Kalk fürs Bad.
- ☐ Ein **ALLZWECKREINIGER** gegen Schmutz und Fett für Oberflächen und Böden.
- ☐ Ein **SCHEUERMITTEL** gegen hartnäckige Flecken.
- ☐ Ein **WC-REINIGER.**
- ☐ Dazu Backpulver, Waschsoda und Spiritus.

20 Welche Putzgeräte brauche ich?

Wer viel im Haushalt arbeitet, sollte das mit sinnvollen, qualitativ hochwertigen und stabilen Geräten und Putzutensilien tun. Das gilt vor allem für den Staubsauger und das Wischgerät, aber auch für Lappen, Schwämme, Abzieher etc. Ich empfehle ein hochwertiges Breitwischgerät für die feuchte Reinigung von Böden, denn damit kann sehr effizient gearbeitet werden. Außerdem lässt sich der Wischbezug schnell und unkompliziert abziehen und waschen. Eimer mit Auswringhilfe erleichtern das Putzen enorm.

Für Bad, WC, Küche und Wohnzimmer sollten unterschiedliche Lappen (und auch Reiniger) verwendet werden. (Gute Alternativen zu Mikrofasertüchern findet Ihr auf Seite 11). Hier hat sich das Vier-Farben-System etabliert.

- **Gelb** für den Sanitärbereich (Waschbecken, Badewanne, Armaturen etc., ohne WC)
- **Rot** für das WC und die darum liegenden Fliesen
- **Grün** für die Küche
- **Blau** für Möbel, Türen, Heizkörper etc.

Tipp 19: Im Privathaushalt sind nur wenige Putzmittel nötig, um alle Verschmutzungen und Flecken gründlich zu entfernen.

21 Wie giftig sind Reiniger?

Ziemlich giftig. Zu jedem Reiniger gibt es (im Netz) ein Sicherheitsdatenblatt, in dem die genauen Inhaltsstoffe und deren Toxizität, Gefahreneinstufung etc. aufgeführt sind. Besonders Konzentrate enthalten stark wirksame Chemie. Deswegen ist die richtige Anwendung so wichtig.

Putzmittel sollten nie gemischt werden, denn die Kombination verschiedener Reiniger kann zu gefährlichen chemischen Reaktionen führen. Generell gilt: Immer für ausreichende Belüftung im Raum sorgen und unbedingt die Dosierungsangabe auf der Verpackung beachten. Oft reicht viel weniger, als man annimmt. Beim Putzen mit scharfen Reinigern Handschuhe, je nach Mittel auch Schutzbrille tragen. Verschließt Eure Putzmittel kindersicher und füllt sie nie, nie, nie in alte Getränkeflaschen um (Vergiftungsgefahr!). Für den Notfall die Telefonnummer der Giftnotrufzentrale innen in den Putzmittelschrank kleben.

22 Wie mache ich Reiniger selber?

BADREINIGER: Ein Liter Wasser, drei Spritzer Spüli und eine Verschlusskappe Zitronensäure. Der Reiniger wirkt gegen Kalk, Urinstein, Fett und Schmutz.

FÜR ALLES ANDERE: ZUTATEN

- ☐ 30 g Waschsoda
- ☐ 60 g Spüli
- ☐ Optional 20–30 Tropfen ätherisches Öl
- ☐ 60 ml Essigessenz (25 %)
- ☐ 2 l Wasser

ZUBEREITUNG

Soda mit etwa 250 ml Wasser in einem Topf verrühren und kurz zum Kochen bringen. Topf vom Herd nehmen und Spülmittel und Öl zufügen. Weiterrühren. Essigessenz zugeben und immer noch rühren. Danach mit etwa 1,75 l Wasser

auffüllen und wieder gut durchmischen. Vor dem Gebrauch immer schütteln! Außer für Marmor ist der Reiniger für alles geeignet, auch als Wischwasser für Fliesen. Vorsicht allerdings bei Holz, Laminat, Kork etc. Für starke Verschmutzungen Reiniger einwirken lassen!

BESSER WISCHEN – MEIN UMWELTTIPP

Fast mein gesamtes Hauswirtschafterinnen-Leben habe ich Mikrofasertücher geliebt. Durch ihre Struktur nehmen sie Staub und Schmutz optimal auf – ohne viel Chemie. Aus Umweltgründen also eigentlich empfehlenswert. Sie fusseln nicht, sind gut zu waschen und günstig. Wäre da nicht das Mikroplastik, das die Lappen im Abwasser hinterlassen – ich würde sie immer noch lieben. Leider musste ich sie deswegen ausmisten. Wer weiter Mikrofasertücher verwenden möchte, dem sei für die Wäsche der Lappen ein Mikrofaserbeutel ans Herz gelegt. Dieser verhindert, dass Mikroplastik übers Abwasser in Flüsse und Meere gelangt.

BAD

23 Welche Reiniger benötige ich fürs Bad?

Für einen normalen Badputz reicht ein säurehaltiger Reiniger für Waschbecken, Fliesen und Böden, am besten mit Zitronensäure. Essigsäure kann Armaturen angreifen. Für die Toilette empfehle ich einen WC-Reiniger, weil der dickflüssiger ist und deswegen besser einwirken kann. Scheuermilch hilft gegen Seifenreste und Schmutz im Waschbecken oder in der Dusche. Mit einem Schuss Spiritus wird der Spiegel streifenfrei. Verschmutzte Fugen und muffelnde Abflussrohre können mit Backpulver gereinigt werden – siehe Tipp 27.

24 Ist Entkalker fürs WC nötig?

Bei regelmäßiger Unterhaltsreinigung des WCs mit einem WC-Reiniger und meinem DIY-Reiniger halte ich ein spezielles Entkalkungsmittel für überflüssig. Sollten sich dennoch dunkle Kalkflecken bilden, empfehle ich eine starke Säure (z. B. Zitronensäure oder Essigsäure) und eine lange Einwirkzeit, am besten mehrere Stunden. Sollte das nicht helfen, gibt es auch porzellanfreundliche Bimssteine zur Entfernung von Urinstein und Wasserflecken.

25 Wie glänzt mein Waschbecken wieder?

Wer nach jedem Gebrauch das Waschbecken trockenreibt, spart sich eine Menge Kalkflecken. Wenn keine Wasserrückstände auf der Oberfläche trocknen, kann sich nämlich auch kein Kalk bilden. Für das Waschbecken gilt das Gleiche wie für Wanne und Dusche: Immer von außen nach innen säubern, also vom weniger schmutzigen zum schmutzigeren Bereich. Scheuermilch entfernt Seifenreste und Schmutz optimal. Nachspülen und trockenreiben nicht vergessen. Mit einer Zahnbürste kann der Überlauf des Waschbeckens einfach gereinigt werden.

26 Wie reinige ich Armaturen?

Wasserhahn und Co. besser nicht direkt mit Reiniger ansprühen, sondern mit einem in Reiniger getränkten Tuch abwischen. Da die meisten Armaturen kratzempfindlich sind, keine scheuernden Reiniger verwenden. Kalkspuren lassen sich gut mit unverdünnter Zitronensäure entfernen. Besser kein Essigreiniger oder Chlorreiniger, das ist zu aggressiv. Hartnäckige Kalkflecken verschwinden, wenn man in Zitronensäure getränkte Papiertücher um die Armatur legt. Je länger sie einwirken, desto besser. Aber bitte nicht antrocknen lassen. Mit klarem Wasser nachwischen und trockenreiben. Ecken und Kanten von Armaturen mit einer Zahnbürste sauber bürsten.

27 Verstopfter Abfluss – was tun?

Für die normale Unterhaltsreinigung von Abflüssen reicht es, einmal in der Woche eine Tüte Backpulver oder 1 EL Soda und etwas Wasser einwirken zu lassen und mit warmem Wasser durchzuspülen. Wenn der Abfluss schon nicht mehr gut abläuft oder es aus dem Rohr unangenehm riecht, 3–4 Esslöffel Waschsoda in den Ausfluss geben und direkt eine Tasse Essigessenz hinterherschütten. Achtung, es wird heftig blubbern. Etwa 30 Minuten einwirken lassen. Danach kochendes Wasser hinterherschütten.

DER BADPUTZ

Gegen Kalk und Schmutz im Bad wirken Reiniger besonders gut, wenn sie Zeit zum Einwirken haben. **Deswegen für den Badputz immer etwas Zeit extra einplanen.**

6. Dusche, Badewanne und Waschbecken mit Reiniger einsprühen, vorher Wände und Fliesen abspülen, da sonst die Fugen angegriffen werden können.

5. WC-Reiniger in Schüssel geben und einwirken lassen.

4. Badezimmer-Lappen und Badreiniger verwenden.

3. Boden saugen.

2. Handtücher und Badvorleger wechseln.

1. Abfall entsorgen und Bad freiräumen.

7. Herumliegendes an seinen Platz räumen. Dabei von oben nach unten arbeiten. Hängeschränke und Regale feucht abwischen.

8. Spiegel mit Wasser und einem Schuss Spiritus abwischen.

9. Waschbecken abwischen, wenn nötig mit Scheuermilch putzen.

10. Armaturen putzen und trockenreiben.

11. Fliesen und Armaturen in Dusche und Badewanne abwischen und mit klarem Wasser abspülen. Flächen abziehen und Armaturen trockenreiben.

12. WC mit der WC-Bürste säubern. Mit dem WC-Tuch von außen nach innen wischen, also immer vom weniger Schmutzigen zum Schmutzigeren.

13. Boden wischen.

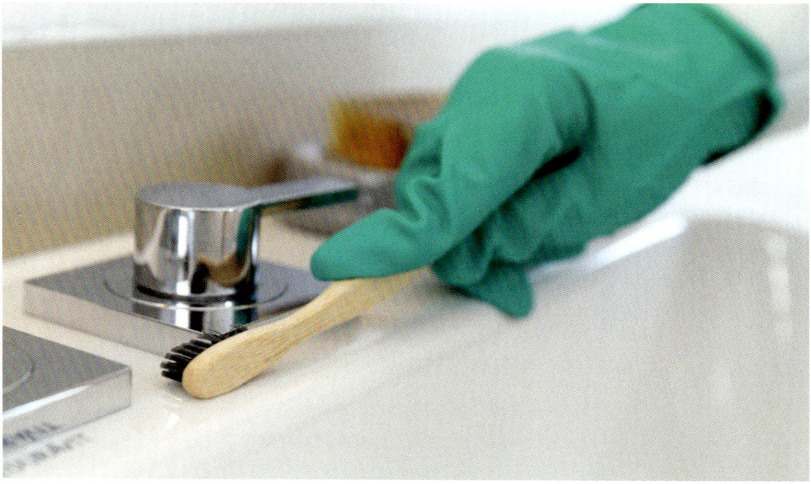

Tipp 26: Mit einer alten Zahnbürste können Armaturen gründlich und von allen Seiten von Kalk und Schmutz gereinigt werden.

Wenn Soda (oder Backpulver) und Essig aufeinandertreffen, wird explosionsartig CO_2 (Kohlenstoffdioxid) freigesetzt. Durch die Bläschenbildung und den daraus entstehenden Druck werden Verstopfungen im Rohr gelöst. In der Einwirkzeit neutralisiert das Natron in der Wassermischung Gerüche im Rohr (die meist durch organische Säuren verursacht werden) und löst fettige Verschmutzungen.

28 Wie säubere ich Marmor?

Marmor ist ein Naturstein und empfindlich gegen Flecken, da die Oberfläche leicht porös ist. So können Flüssigkeiten in den Stein eindringen und Verfärbungen hinterlassen. Daher ist es wichtig, Verschüttetes (Saft, kohlensäurehaltige Getränke, Kaffee, Tee, Wein, Öl oder Fettspritzer etc.) immer schnell aufzuwischen, damit die Flüssigkeit gar nicht erst in den Stein einziehen kann. In der Regel reicht es aus, Marmor trocken zu reinigen: Am besten mit einem weichen Besen abfegen oder absaugen. Das aber sehr häufig, denn wenn zu viel Sand oder Schmutz auf dem Boden liegt, und man läuft darüber, kann das – wie Sandpapier – den Stein abschmirgeln und den Marmor stumpf aussehen lassen.

Als Kalkstein ist Marmor säureempfindlich. Deswegen dürfen für die feuchte Reinigung keine säurehaltigen Mittel verwendet werden, z. B. Essig- oder Zitronensäure oder Badreiniger gegen Kalk. Am besten ist ein Neutralreiniger oder ein leicht alkalischer Reiniger, extra für Marmor und Kalkgesteine. Wenn der Boden feucht gewischt wird, bitte darauf achten, dass möglichst wenig Feuchtigkeit zurückbleibt, sonst gibt es Kalkflecken.

29 Wie bekomme ich Fugen sauber?

Zunächst Fugen gut befeuchten. Backpulver oder Waschsoda mit etwas Wasser anrühren und mit Hilfe einer alten Zahnbürste auftragen. Einwirken, aber bitte nicht antrocknen lassen. Starke Verschmutzungen mit einer harten Bürste abschrubben. Unbedingt mit viel Wasser nachspülen. Fugen nie mit säurehaltigen Mitteln behandeln, da die Säure das Material angreift. Nur bei sehr starken Verschmutzungen empfiehlt sich ein spezieller Fugenreiniger aus dem Fachhandel.

30 Wie reinige ich verkalkte Duschwände?

Zitronensäure mit Wasser im Verhältnis 1:3 mischen, einen Schuss Spüli dazu. Mit Schwamm (bitte Handschuhe anziehen) oder

BESSER PUTZEN – MEIN UMWELTTIPP

Jeglichem Fettschmutz rückt man am einfachsten mit einer Spüli-Lösung zu Leibe, Backpulver verstärkt die Wirkung und löst das Fett. Der Grund: Spüli und Backpulver wirken alkalisch. Backpulver kann überall als Verstärker eingesetzt werden, wo es starke Verkrustungen, Fettschmutz oder Schimmel gibt. Thermoskannen werden blitzblank, wenn sie mit Wasser und einem Päckchen Backpulver gefüllt über Nacht stehen. Leichte Schimmelspuren in Fugen lassen sich gut mit Backpulver behandeln. Dazu eine Zahnbürste anfeuchten, in die Packung tauchen und die Fuge reinigen.

Gegen Kalkflecken wirken dagegen Säuren, wie Zitronensäure oder Essig. Dazu noch ein einfacher Allzweckreiniger mit emulgierenden Tensiden, die Schmutz gut aufnehmen. Schon ist der Putzschrank im Prinzip ausreichend gefüllt. Ich selber verwende noch WC-Reiniger, weil der schön dickflüssig ist, und Spüli, da das sanfter zu Geschirr ist als Allzweckreiniger oder Neutralseife.

Sprühflasche auftragen und einweichen lassen. An besonders verkalkten Stellen oder Ecken Küchentücher „ankleben" und noch mal einsprühen. So kann die Säure gut einwirken. Im Anschluss abbrausen und trockenwischen. Damit nicht wieder so schnell Kalkflecken entstehen, nach jedem Gebrauch Wasserspritzer mit einem stabilen Duschwischer abziehen.

SCHLAF- UND WOHNZIMMER

31 Wie putze ich Fenster streifenfrei?

Ich empfehle zum Fensterputzen eine milde Lauge aus Spüli und Spiritus. Mit einer Bürste, einem Schwamm, einem Abzieher, einem trockenen, sauberen Putzlappen und einem flusenfreien (Leder-)Tuch seid Ihr bestens ausgestattet. Bei sehr dreckigen Fenstern noch einen Eimer mit klarem Wasser zum Nachspülen bereitstellen.

YVONNES FENSTERPUTZ-LAUGE

- ☐ 3 l lauwarmes Wasser
- ☐ 1 Spritzer Spülmittel (kein Balsamspülmittel)
- ☐ 1 Verschlusskappe Spiritus
- ☐ Ein paar Tropfen Glycerin

32 Wie reinige ich Rahmen?

Zunächst Rahmen abbürsten, Jalousien und Fenstersims abfegen. Die Rillen aussaugen. Rahmen komplett einseifen. Dann die Rillen bearbeiten. Je nach Größe Putztücher oder Zahnbürsten verwenden, die Borsten kommen eigentlich überall hin. Rahmen und Rillen abwischen. Sind die Flächen noch nicht sauber, mit Putzstein behandeln. Damit werden sie wieder strahlend weiß.

33 Wie sauge ich richtig?

Beim Putzen immer mit dem Staubsaugen beginnen, auch wenn noch Staub gewischt werden soll. Der Staubsauger wirbelt trotz guter Filter Staubpartikel in die Raumluft, die sich dann langsam zu einer neuen Staubschicht auf Möbeln, Polstern und Co. niederlassen.

Vor dem Saugen alle Gegenstände aus dem Weg räumen. Von links nach rechts arbeiten, damit keine Flächen doppelt gesaugt werden. Staubsauger langsam erst längs, dann quer über den Boden bewegen. Dabei auf eine aufrechte Körperhaltung achten. Hartböden einmal die Woche mit dem Bürstenaufsatz auf der höchsten Leistungsstufe saugen. Bei Teppichen Bürste einfahren und Stufe je nach Material runterregeln!

FENSTER PUTZEN

1. Fenster und Rahmen mit weicher Bürste **abbürsten.**

2. Jalousien und Fenstersims **abfegen.**

3. Rillen im Rahmen aussaugen.

4. Rahmen und Griffe säubern. Wenn nötig **Putzstein** verwenden.

5. Scheiben zuerst innen mit warmer **Spüli-Lauge** einseifen und mit dem Schwamm in kreisenden Bewegungen von oben nach unten, dann von links nach rechts reinigen.

6. Gegen hartnäckige Schmierfilme helfen zusätzlich **Soda oder Apotheken-Alkohol.**

7. Mit einem Abzieher schmutziges Wasser **von oben nach unten** abnehmen. Tuch unter Rahmen halten, damit das Wasser nicht auf den Boden tropft. Nach jeder Bahn die Gummilippe trockenreiben, sonst gibt es Putzstreifen!

8. Mit Fensterleder nachwischen.

9. Fenster-Außenseite **nach gleichem Ablauf** putzen.

10. Bei Bedarf Wasser wechseln.

11. Eventuelle Streifen mit alter **Nylonstumpfhose** wegpolieren.

12. **Fensterdichtungen** mit Glycerin behandeln. Sie schließen dann besser.

13. Fensterbank **feucht abwischen.**

Tipp 31: Ich empfehle zum Fensterputzen eine milde Lauge aus Spüli und Spiritus.

34 Wie entstaube ich ein Bücherregal?

Am besten fängt man Staub durch feuchtes Abwischen ein. Das funktioniert prima beim Regal, aber nicht bei den Büchern, die drinstehen. Mit dem Staubwedel sind die Flusen zwar schnell von den Büchern runter, hängen nun aber in der Raumluft – und dann bald wieder auf den Büchern. Ich rate daher zum Staubsauger. Hierbei den Bürstenaufsatz verwenden und mit sanftem Druck die Bücher vom Staub befreien. Einweg-Staubbindetücher aus synthetischen Fasern sind zwar praktisch, aber nicht besonders umweltfreundlich.

35 Wie reinige ich Holzböden?

Parkettböden und Dielen sind wasserempfindlich, egal ob unbehandelt, geölt, gewachst oder lackiert. Eine wöchentliche Nassreinigung ist nicht zu empfehlen, das greift auf Dauer das Holz an und kann Form und Oberfläche des Materials verändern. Besser regelmäßig staubbindend (also trocken) wischen oder vorsichtig mit dem Bürstenvorsatz staubsaugen. Nur dann Wasser verwenden, wenn es wirklich notwendig ist. Beim Wischen darauf achten, dass der Wischbezug nur nebelfeucht ist, das heißt ordentlich ausgewrungen, und sich nur sehr leicht angefeuchtet anfühlt! Praktisch dafür ist ein Eimer mit Lappenpresse. Beim Wischen entweder nur Wasser oder einen speziellen Holzreiniger verwenden. Der hat häufig einen neutralen oder schwach sauren pH-Wert und enthält Pflegekomponenten. Holzböden sind außerdem sehr kratzempfindlich, deswegen vor dem Wischen immer erst mal gut den Staub entfernen. Und bitte auf den passenden Wischbezug achten. Nicht alle Bezüge sind für Holz geeignet, und manche können die Oberfläche angreifen.

Tipp 34: Fürs Entstauben des Bücherregals den Bürstenaufsatz verwenden und mit sanftem Druck die Bücher vom Staub befreien.

Tipp 35: Parkett und Dielen dürfen nur nebelfeucht gewischt werden, da Nässe die Holzfasern beschädigen kann. Deswegen darauf achten, dass das Wischgerät gut ausgedrückt ist.

36 Schlieren auf Laminat. Was tun?

Je mehr Pflegemittel aufgebracht wird, desto schneller entstehen Streifen. Deswegen besser keine speziellen Pflegemittel verwenden. Es reicht, Laminatboden zu fegen, dann mit etwas Spüli und Essigessenz im Wischwasser nebelfeucht wischen. Um den streifigen Pflegefilm zu entfernen, dem Wischwasser entfettendes Soda zufügen und den Lappen oft ausspülen. Für besonderen Glanz kann ein Spritzer Weichspüler im Wasser sorgen.

37 Wie reinige ich helle Böden?

Helle Teppiche mindestens einmal in der Woche saugen, damit sich Schmutz und Staub nicht in den Fasern festsetzen. Bei langflorigen Teppichen die glatte Düse benutzen, um die langen Fasern durch den Bürstenvorsatz nicht aufzurauen. Sonst wird der Teppich schneller schmutzig. Kleine Flecken immer sofort mit Mineralwasser auswaschen. Mit speziellen Reinigern und Reinigungsgeräten aus dem Fachhandel ist eine Grundreinigung von heller Auslegware möglich. Helle Fliesen werden streifenfrei und hygienisch sauber mit meinem DIY-Reiniger fürs Bad. Ein Liter Wasser, drei Spritzer Spüli und eine Verschlusskappe Zitronensäure. Fertig!

38 Was tun gegen Flecken auf einem Holztisch?

Auf unbehandeltem Holz hinterlassen Essensspritzer schnell Flecken. Möbelwachs (aus dem Fachmarkt) oder handelsübliches Leinöl schützt Holz gegen äußere Einflüsse. Dazu ein wenig Wachs oder Leinöl auf einem Lappen in Faserrichtung dünn auf dem Tisch verstreichen. Da die Holzfasern sich mit Öl oder Wachs vollsaugen, dringen Spritzer von Essen nicht mehr ein, so können auch keine Flecken mehr entstehen.

Für Holzmöbel und Türen immer spezielle Holzpflegeprodukte verwenden.

39 Wie behandele ich Gartenmöbel aus Holz?

Balkonstühle und Tische zu Beginn und zum Ende der Saison mit Bürste und Neutralseife gründlich reinigen. Bitte keine Mikrofasertücher verwenden, die schädigen das Holz. Stühle und Tische trockenreiben. Schrauben und Verbindungen überprüfen und gegebenenfalls reparieren. Stockflecken auf Möbeln oder Schirmen mit Waschsoda oder Essig behandeln. Zwei- bis dreimal im Jahr Pflegeöl auftragen, damit das Holz nicht ausbleicht und vergraut. Gartenmöbel immer trocken im Keller oder der Garage lagern. Wenn das nicht möglich ist, dann wenigstens gut abdecken.

40 Wie säubere ich verstaubte Pflanzen?

Kleinere Pflanzen alle zwei Monate mit einem sanften, lauwarmen Wasserstrahl in der Badewanne abduschen. Danach etwas stehenlassen, damit das überschüssige Wasser ablaufen kann und keine

Tipp 40: Mit Bananenschalen lassen sich Pflanzen sehr einfach und effektiv entstauben.

Staunässe entsteht. Die kann zu Schimmel oder Pilzbefall führen. Größere Pflanzen per Hand mit sanftem Druck und feuchtem Lappen abwischen. Größere Gewächse mit einem Staubwedel behandeln. Eine gute Alternative sind Bananenschalen. Sie reinigen, pflegen und nähren andere Pflanzenblätter. Dazu mit der Innenseite der Schale sanft über die Blätter fahren. Gibt einen tollen Glanz!

41 Was tun gegen Schimmelgeruch?

Um Schimmelgeruch zu eliminieren, müssen zunächst der Schimmelherd und sämtliche Pilzsporen entfernt werden. Sonst müffelt es weiter. Die Sporen sind winzig klein und können überall reinkriechen, deswegen alle gut zu erreichenden Flächen mit Essiglösung und weichem Lappen säubern. Danach mit klarem Wasser nachwischen und alles gut trocknen lassen. Fenster auf Durchzug stellen. Das reduziert die Luftfeuchtigkeit im Raum und vertreibt den Schimmelduft.

42 Was hilft bei Rauchgeruch vom Vormieter?

Rauchgeruch, besonders alter Rauchgeruch, ist wirklich hartnäckig. Lüften, lüften, lüften, vielleicht verzieht sich der Tabakduft dann von alleine. Essigwasser oder Orangenreiniger hilft, den Geruch von Flächen zu entfernen (Fliesen, Kacheln, Böden, Fußleisten, Türen, Fenstern etc.). Schwieriger wird es, wenn Wände oder der Bodenbelag nach Zigaretten stinken. Bei Tapeten hilft nur neu streichen oder neu tapezieren. Sollte der Teppich nach Rauch stinken, hilft vermutlich nur eine professionelle Reinigung.

43 Was tun, wenn es angebrannt riecht?

Einen Topf (nicht den angebrannten) mit Wasser füllen und einen Esslöffel Zimt zufügen. Die Mischung aufkochen und mit der dampfenden Lösung durch die Wohnung laufen. Ordentlich durchlüften, eventuell die Raumluft mit einem Ventilator aus dem Raum treiben. Wie der angebrannte Topf sauber wird, lest Ihr in Tipp 4 auf Seite 14.

RICHTIG WASCHEN

WASCHEN ist ein Riesenthema, das merke ich immer wieder. Egal, wo ich hinkomme – jeder hat irgendein Waschproblem. Ob in der Familie, im Freundeskreis, auf der Straße, bei Dreharbeiten und selbst in Fernsehstudios sprechen mich Menschen an, weil sie wissen wollen, wie viele Waschmittel sie tatsächlich brauchen, oder sich über seltsame Knübbelchen auf ihren Textilien wundern.

Dabei haben wir es schon so viel einfacher als die Generation unserer Großeltern, die noch per Hand im Bottich waschen musste. Zum Glück nimmt uns die moderne Technik heute die schwere Arbeit ab. Die Wäscheprobleme sind aber nicht weniger geworden – im Gegenteil!

Darum beschäftigen wir uns auch in unseren TV-Sendungen regelmäßig mit dem Thema. Sicher auch, weil Hersteller uns mit immer neuen Produkten glauben machen wollen, sie hätten das Waschen neu erfunden. Tatsächlich ist es aber im Grunde immer noch genauso wie zur Zeit unserer Großmütter: Seifen/Tenside entfernen Schmutz, Flecken am besten sofort vorbehandeln und ganz wichtig: Immer nur tupfen – niemals reiben!

WÄSCHE

44 Wieso muffelt meine Wäsche?

Sehr häufig werde ich gefragt, warum (vor allem dunkle) Wäsche nach dem Waschgang unangenehm riecht. Dunkle Kleidung wird meist mit niedrigeren Temperaturen und oft mit Flüssigwaschmittel gewaschen. Keime werden so nicht komplett abgetötet – und müffeln dann mit der Zeit. Mein Tipp: Wäsche bei höchstmöglicher Temperatur, am besten bei 60 Grad, durchwaschen, damit alle Keime gründlich aus dem Gewebe entfernt werden. Wenn die Wäsche nur 40 Grad verträgt, sollte zumindest das normale Waschprogramm (kein Kurzprogramm!) gewählt werden. Und ganz wichtig: Pulverförmiges Vollwaschmittel verwenden, da das – im Gegensatz zu Flüssigwaschmittel – bakterienabtötende Bleiche enthält. Allerdings bleicht dann natürlich auch die Farbe der Wäsche etwas aus. Für hellere Buntwäsche ist das kein Problem, für schwarze Sachen aber nicht uneingeschränkt zu empfehlen.

45 Können Putzlappen in die Wäsche?

Die mit Abstand am häufigsten gestellte Frage lautet, ob Putzlappen in die normale Wäsche können. Ja, sie können! Allerdings bitte bei mindestens 40 Grad und mit einem pulverförmigen Vollwaschmittel – und nur dann, wenn im Haushalt niemand krank oder pflegebedürftig ist. Bitte nicht das Ökoprogramm verwenden, da erreicht das Wasser nämlich nicht 40 Grad! Ich wasche Lappen und Handtücher immer bei 60 Grad. Bei der höheren Temperatur kommen sie sauberer und weniger fleckig aus der Maschine.

46 Welche Waschmittel sind wirklich nötig?

Ihr braucht nur drei Waschmittel:

- Für **WEISSWÄSCHE** ein pulverförmiges, kompaktes Vollwaschmittel.
- Für **FARBWÄSCHE** ein Colorwaschmittel (egal ob flüssig oder pulverförmig) mit Farbschutz.
- Für **FEIN- UND WOLLWÄSCHE** ein faserschonendes Spezialwaschmittel, für kurze Waschgänge eignet sich ein Flüssigwaschmittel besser.
- Zur **FLECKENVORBEHANDLUNG** eignet sich normales Spüli oder ein Reisewaschmittel.

Tipp 45: Putzlappen werden zwar schon in der 40-Grad-Wäsche hygienisch sauber, Flecken verschwinden aber oft erst bei 60 Grad.

WARUM PULVERFÖRMIGES VOLLWASCHMITTEL?

Waschpulver enthält im Gegensatz zu Flüssigwaschmittel keimabtötende Bleiche. Dadurch kann Waschpulver auch bei niedrigen Temperaturen (40 Grad) hygienisch sauber waschen. Mit Flüssigwaschmittel werden Keime erst ab 50 Grad abgetötet.

47 Weichspüler – ja oder nein?

Aus meiner Sicht ist Weichspüler überflüssig, vor allem wenn ein Trockner vorhanden ist. Weichspüler sorgt zwar für geschmeidige Fasern und einen angenehmen Duft, außerdem lässt sich die Wäsche leichter bügeln, allerdings verschlechtert er die Saugfähigkeit des Stoffs. Ziemlich unvorteilhaft für Handtücher, finde ich. Die sogenannten kationischen Tenside, die im Weichspüler wirken, können außerdem Funktionswäsche, Stretch-Stoff, Fleece, Daunen, Seide und Wolle beschädigen. Darüber hinaus reizen sie die Haut und stehen im Verdacht, Allergien auszulösen. Genauso wie die Duftstoffe, die in vielen Produkten enthalten sind. Die Farb- und Konservierungsstoffe belasten zusätzlich die Umwelt.

Ob Hygienespüler notwendig ist, findet Ihr in Tipp 58 auf Seite 49.

48 Wie werden Handtücher wieder weich?

Flauschig werden Frotteehandtücher, wenn sie während des Trocknungsvorgangs in Bewegung gehalten werden. Am besten geht das im Trockner. Dort werden die

Tipp 47: Weichspüler sind aus meiner Sicht wirklich überflüssig.

beim Waschen plattgedrückten Fasern wieder aufgerichtet und schön weich. Wer keinen Trockner zu Hause hat, kann sich einen einfachen Ventilator an oder unter die Hängeleine oder den Wäscheständer stellen. Im Sommer draußen einen windigen Tag fürs Trocknen abwarten oder eine zugige Stelle suchen. Die so getrocknete Wäsche dann noch mal fest ausschlagen, das lockert den Stoff.

49 Was sind das für weiße Flecken auf meiner Wäsche?

Helle Streifen oder Flecken auf dunkler Wäsche sind Ablagerungen des (im Waschmittel enthaltenen) Wasserenthärters. Schädlich sind die Rückstände nicht, aber unansehnlich. Sie entstehen bei kurzen Waschgängen, zu voller Trommel oder Waschmittel-Überdosierung, so dass das Pulver nicht rückstandslos aus der Wäsche ausgespült werden kann. Deswegen immer auf richtige Dosierung und die richtige Beladung der Trommel achten. Für kurze Waschgänge besser Flüssigwaschmittel verwenden.

BESSER WASCHEN – MEIN UMWELTTIPP

Waschen belastet die Umwelt. Energie- und Wasserverbrauch sollten daher so gering wie möglich gehalten werden. Mit Ökoprogrammen erhaltet Ihr mit weniger Verbrauch das gleiche Waschergebnis. Nachteil: Die Ökoprogramme laufen länger als die Standardprogramme. Bei Waschmitteln auf Konzentration achten. Am wenigsten umweltschädlich sind Kompaktwaschmittel mit einer Dosierungsempfehlung von maximal 70 Gramm pro Waschgang bei normaler Verschmutzung. Immer Dosiermenge beachten und einhalten. Flecken immer mit passendem Mittel vorbehandeln.

Tipp 48: Bleiben die Frotteefasern nach dem Trocknen plattgedrückt, fühlt sich das Handtuch hart an. Aufgerichtete Fasern dagegen sind weich und flauschig.

FLECKEN

50 Was hilft gegen Schweißflecken?

Schweißflecke bestehen in der Regel nicht nur aus Schweiß, sondern auch aus den Rückständen von Deos, vor allem Aluminiumchlorid. Waschmitteltenside können mit dem Stoff reagieren, so dass die Flecken sich beim Waschvorgang verstärken und danach kaum noch aus dem Gewebe zu entfernen sind. Deswegen ist es wichtig, Flecken VOR der Wäsche zu behandeln und die Wäsche erst dann in die Waschmaschine zu geben, wenn die Flecke (fast) vollständig gelöst sind. Am besten löst **GALLSEIFE** Schweiß- und Deoflecken auf. Unempfindliche Stoffe (auch farbige) mit Gallseife und einer Bürste bearbeiten. Feuchte Gallseife auf beiden Seiten ordentlich aufschäumen. 30 Minuten einwirken lassen, ausspülen. Wenn kein Fleck mehr zu sehen ist, bei gewohnter Temperatur in der Waschmaschine waschen.

Gegen Schweißränder hilft **BACKPULVER:** Flecken anfeuchten und Pulver direkt auf die Ränder verteilen und ordentlich einreiben. Einwirken lassen und wie gewohnt waschen.

Empfindliche Seide wird mit **SPIRITUS** behandelt. Dazu die gesamte Bluse oder das Kleid anfeuchten und den Achselbereich mit (verdünntem) Spiritus abtupfen. Im Anschluss normal waschen.

51 Wie entferne ich Fettflecken aus Kleidung?

Fette werden mit Laugen gelöst, also Spüli, Gallseife, Reisewaschmittel oder Waschsoda. Flecken immer schnell behandeln, damit sie rückstandslos entfernt werden können. Meist reicht etwas Spüli auf einem feuchten, sauberen Lappen und abtupfen. Bei älteren und hartnäckigen Flecken Gallseife auftragen, bis es schäumt, und einwirken lassen. Danach wie gewohnt waschen. Auch Wolle und Seide können mit Gallseife behandelt werden.

52 Wie reinige ich Kuliflecken?

Kugelschreiberflecken lösen sich gut mit Zitronensäure. 1 EL Zitronensäure erhitzen und auf die verfärbte Stelle träufeln. Ein paar Minuten einwirken lassen und dann wie gewohnt waschen. Sind die Flecken

KLEINES FLECKEN-ABC

schon älter, hilft ein Lösungsmittel mit Alkohol, wie z. B. acetonfreier Nagellackentferner, um die Farbpigmente aus den Textilien zu bekommen. Fleck beträufeln, einwirken lassen und anschließend waschen. Vorsicht bei dunklen Stoffen! Hier immer zuerst auf Farbechtheit prüfen.

53 Wie kriege ich Kaffeeflecken weg?

Kaffeeflecken auf der Kleidung lassen sich oft unproblematisch einfach rauswaschen. Wer sichergehen will, weicht das beschmutzte Kleidungsstück in Waschlauge ein. Ansonsten hilft meist eine Anwendung mit Gallseife und kohlensäurehaltigem Mineralwasser. Schwieriger zu entfernen sind Kaffeeflecken auf Teppichen, die nicht in die Waschmaschine können. Dann den Fleck mit kohlensäurehaltigem Mineralwasser aufsprudeln und mit Backpulver nacharbeiten. Vorher an verdeckter Stelle auf Farbechtheit testen.

54 Woher kommen die Flecken im T-Shirt?

Immer wieder werde ich gefragt, wo die Flecken herkommen, die nach der Wäsche plötzlich in T-Shirts und Blusen sichtbar werden. Meistens handelt es sich um bislang „unsichtbare" Flecken von Sonnencreme, Saft oder Ähnlichem, die mit den Inhaltsstoffen des Waschmittels oder mit dem Wasser reagieren. Danach sind sie oft wie eingebrannt ins Gewebe und können kaum noch entfernt werden. Besonders fies sind die gelben und braunen Flecken, die die UV-Filter aus der Sonnencreme hinterlassen. Einige haben eine gelbe Farbe, und da sie öllöslich sind, dringen sie tief ins Gewebe ein und können so ihre Farbe auf Textilien übertragen. Beim Waschgang verbinden sich dann Metall-Ionen aus dem Leitungswasser mit den UV-Filtern in der Kleidung und intensivieren die Farbe, also verstärken den Fleck oder machen ihn überhaupt erst sichtbar. Einmal gewaschen kriegt man den Fleck dann kaum noch weg, weil die chemische Struktur von Baumwolle, Leinen und Viskose so aufgebaut ist, dass sich UV-Filter ideal festsetzen können.

Einen Versuch wert ist eine Behandlung mit Gallseife. Aber ob der Fleck tatsächlich rausgeht, hängt von mehreren Faktoren ab: Art des UV-Filters, Textilart, Zusammensetzung des Leitungswassers und des Waschmittels. Frische Sonnencremeflecken dagegen können einfach mit Spüli entfernt werden.

ANWENDUNG: Sonnenmilchreste aufnehmen (nicht verreiben), Fleck

Tipp 55: Die Kohlensäure aus sprudeligem Mineralwasser entfernt Flecken schnell und effektiv. Bitte immer sauberes Tuch zum Tupfen verwenden, da sonst der Schmutz vom Tuch auf die zu säubernde Stelle übergehen kann.

anfeuchten und mit Spüli einreiben. Aufschäumen und einwirken lassen. Anschließend, so heiß es geht, waschen.

Aber auch Bodylotions, Cremes, Deos, Parfüms oder Desinfektionsmittel enthalten Substanzen, die mit Waschmittel und Wasser reagieren und bleibende Flecken auf der Wäsche hinterlassen können.

55 Wie entferne ich Flecken aus dem Teppich?

Flecken auf Teppichen sollten immer sofort behandelt werden. Am besten mit sprudelndem Mineralwasser und einem sauberen Baumwolltuch abtupfen. Die Kohlensäure löst frische Flecken gut und schnell auf. Flecken immer von außen nach innen bearbeiten, damit sie sich nicht vergrößern. Reicht Sprudelwasser nicht zur Entfernung, ein zur Fleckenart (Fett, Kaffee oder Nagellack) passendes Reinigungsmittel verwenden. Bei empfindlichen Teppichen kann die Verschmutzung „rausgespült" werden: Teppich umgedreht auf die Badewanne oder einen Eimer legen. Wasser auf die Unterseite gießen und auffangen. Mehrmals wiederholen.

Bei hartnäckigen Flecken Teppichreiniger aus dem Fachhandel besorgen.

56 Fettfleck auf dem Sofapolster. Was tun?

Den frischen Fettfleck als Erstes abtupfen. Bitte nicht reiben! Warme Spülmittellauge sanft von außen nach innen. Ist der Fleck verschwunden, mit klarem, warmem Wasser nacharbeiten, um die Reinigungsmittelreste zu entfernen. Die restliche Feuchtigkeit mit Papiertüchern aus dem Polster drücken. Hilfreich kann auch eine Anwendung mit Kartoffelstärke sein. Pulver mit einer Bürste auf der angefeuchteten Stelle einmassieren und trocknen lassen. Danach absaugen.

57 Wie entferne ich Kerzenwachs?

Wachsflecken immer auskühlen lassen. Dann das grobe Wachs entfernen, wenn das möglich ist. Decken, Servietten etc. eine Nacht in Kühltruhe oder Eisfach legen, dann das harte Wachs abpulen. Bei größeren Teilen entweder mit Eiswürfeln oder Kühlakkus arbeiten oder Stück für Stück auf Löschpapier oder auch Küchenkrepp ausbügeln oder mit dem Föhn bearbeiten. Die Temperatur nicht zu hoch wählen. Leider färben manche Kerzen so stark, dass sich Wachsflecken kaum mehr entfernen lassen. Anschließend mit Spüli vorbehandeln, da Wachs fettig ist, und dann in der Maschine waschen.

Tipp 57: Mit einem Messer lassen sich grobe Wachsreste einfach abkratzen.

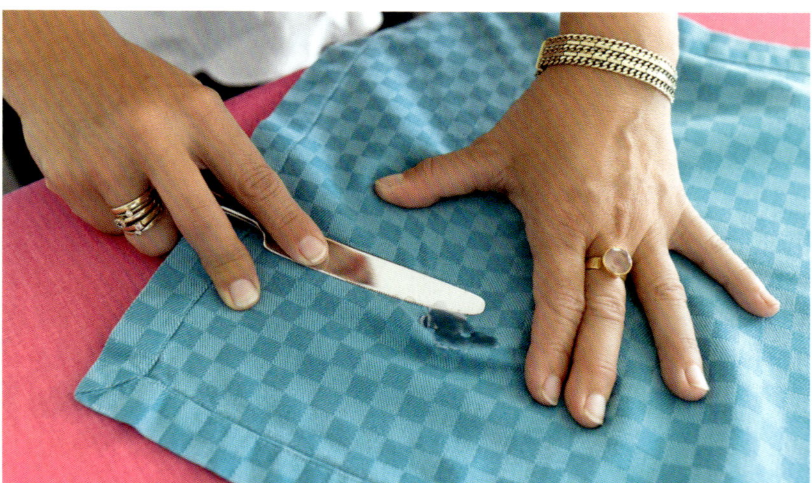

FETTFLECKE

Tipp 56: Fettfleck zügig mit Spüli-Lauge behandeln. Immer tupfen, nie reiben! Seifenreste mit klarem Wasser gut ausspülen. Mit Papiertuch trockentupfen. Bei hartnäckigen Flecken hilft Kartoffelstärke: Auftragen, trocknen lassen und absaugen.

HYGIENE

Seit ich Fernsehen mache, hat sich das Thema HYGIENE ziemlich gewandelt: Von „keimfrei um jeden Preis" bis „Schmutz reinigt den Magen" war bei der Haltung der betreuenden Redakteure zur hygienischen Sauberkeit alles dabei.

In meiner Ausbildung hingegen wurde uns immer ein gesundes Maß in Bezug auf Desinfektionsmittel vermittelt. Im privaten Haushalt gibt es für sie so gut wie keine Notwendigkeit – auch nicht in Zeiten von Corona – siehe Tipp 59. Die Werbung hat es hier sehr gut geschafft, mit Angst und Unsicherheit einen riesigen Markt für sich zu generieren. Viele Menschen, die solche Produkte verwenden, kaufen mit der Flasche Hygienespüler auch gleich ein besseres Sauberkeitsgefühl. Tatsache ist aber auch, dass viele Verbraucher es mit dem Thema Küchenhygiene und Lappenpflege dagegen nicht so genau nehmen. Das kann dann durchaus zu gesundheitlichen Problemen führen, ich denke da an Waffelteige oder sahnige Nachtische, die über Stunden ungekühlt bleiben. Da kann es schnell zu den sogenannten Sommergrippen mit deren unappetitlichen Auswirkungen kommen. Darum ist das Thema Kühlung bei Hygiene absolut wichtig – und so leicht umzusetzen.

· Salate gehören immer nur in kleinen Portionen aufs Grillbuffet. Der große Rest lagert schön im Kühlschrank und kann bei Bedarf nachgelegt werden.

· Waffeln werden gut durchgebacken. Wem es bei einer hungrigen Meute zu lange dauert, der leihe sich in der Nachbarschaft noch ein Eisen aus.

· Bei hohen Außentemperaturen besser auf Mayonnaise-Speisen verzichten und generell das Dressing extra servieren.

· Speisen, die übriggeblieben sind, immer schnell herunterkühlen, umfüllen und im Kühlschrank aufbewahren.

Wir haben für eine Folge Haushalts-Check einmal zig Spüllappen in NRW eingesammelt und im Labor auf Keime überprüfen lassen. Die Belastung war teilweise enorm, denn Keime vermehren sich im feuchtwarmen Milieu sehr gut. Darum mindestens einmal in der Woche den Lappen wechseln und immer gur auswringen. Sobald Lappen oder Tücher anfangen zu müffeln, ist es allerhöchste Zeit, sie in der Maschine mit pulverförmigem Mittel bei mindestens 40, besser noch 60 Grad zu waschen – siehe Tipp 45, Seite 37.

58 Brauche ich Hygienespüler?

Besonders in Corona-Zeiten immer beliebter und trotzdem nicht notwendig sind Hygienespüler für die Wäsche im normalen Haushalt. In der Regel reicht eine normale Wäsche mit 40 Grad (kein Ökoprogramm) mit pulverförmigem Vollwaschmittel aus, um Wäsche hygienisch sauber zu waschen. Bei flüssigem Waschmittel müssen es mindestens 50 Grad (kein Ökoprogramm) sein, um Keime abzutöten. Das gilt, solange niemand im Haushalt krank oder pflegebedürftig ist. Corona-Viren werden bei einer 60-Grad-Wäsche (kein Ökoprogramm) mit pulverförmigem Vollwaschmittel zuverlässig abgetötet. Auch Pilzsporen (Candida oder Fußpilz) überleben diese Temperatur nicht. Bei ausreichend hohen Waschtemperaturen ist Hygienespüler also überflüssig.

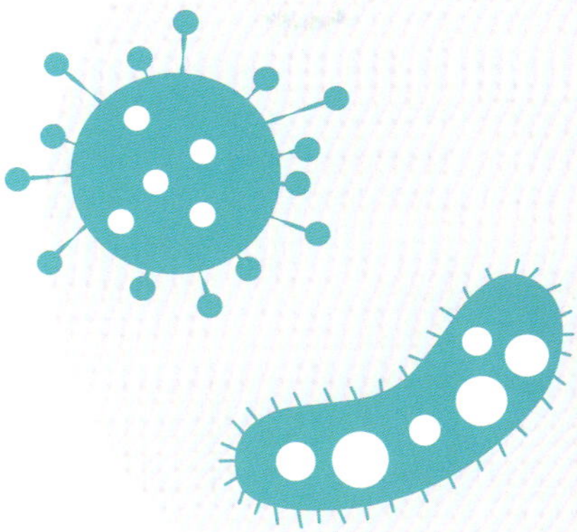

Tipp 58: Bakterien und Viren – auch das Corona-Virus – überleben eine 60-Grad-Wäsche mit pulverförmigem Vollwaschmittel nicht. Deswegen ist ein Hygienespüler im Privathaushalt nicht nötig.

59 Sind desinfizierende Reinigungsmittel im Haushalt nötig?

Die üblichen Haushaltskeime haben gegen heißes Wasser und Neutralreiniger (oder Spüli oder Allzweckreiniger) keine Chance. Auch gegen das Virus wirken handelsübliche Reiniger und Seifen. Denn ihre Tenside zerstören die Schutzhülle des Virus und machen es so unschädlich. (Deswegen ist Händewaschen auch so wichtig.) Desinfizierende Mittel wirken nicht besser gegen das Corona-Virus und belasten darüber hinaus die Umwelt stark. Der häufigste Übertragungsweg des Virus ist die Tröpfcheninfektion. Schmierinfektionen über Oberflächen oder Gegenstände sind zwar theoretisch möglich, bislang gibt es dafür aber keine ausreichenden Belege. Dennoch: In Corona-Zeiten putze ich lieber einmal mehr als weniger. Alle Textilien, die von mehreren Menschen genutzt werden, wie Handtücher oder Küchentücher, sollten häufiger ausgetauscht und gewaschen werden. Um das Corona-Virus abzutöten, reicht eine 60-Grad-Wäsche mit bleichehaltigem (pulverförmigem) Vollwaschmittel. Lappen wasche ich derzeit täglich. Die eigene Kleidung muss nicht besonders gereinigt werden.

60 Wie kriege ich meine Küche möglichst keimfrei?

Die Antwort ist ganz einfach: Gar nicht! Allein im Kühlschrank tummeln sich rund 11,4 Millionen Keime pro Quadratzentimeter. Das sind vor allem Pilzsporen, Bakterien und Viren, die den Lebensmitteln anhaften. Einige Bakterien oder Pilze sind nützlich, denn sie verleihen den Produkten ihr Aroma, andere sorgen für den Verderb. Diese ganzen Keime sind in der Regel nicht gesundheitsgefährdend. Anders sieht es aus mit etwa Salmonellen in rohen Eiern, Rohwurstwaren oder nicht durchgegartem Fleisch oder mit E.-coli-Bakterien, Campylobacter oder Listerien. Auch Viren wie das Noro- oder Rotavirus oder Parasiten wie der Toxoplasmose-Erreger können Lebensmittel verunreinigen. Diese Keime sind gefährlich. Sie werden meist bei der Produktion oder Verpackung der Produkte übertragen. Mit einer guten Küchenhygiene – siehe Seite 12 – kann man sie aber in Schach halten.

61 Wie oft sollte ich den Kühlschrank säubern?

Damit der Kühlschrank appetitlich bleibt, sollte man Verschüttetes immer sofort aufwischen, alles Weitere seht Ihr in der Grafik rechts.

62 Was tun gegen Geruch aus der Geschirrspülmaschine?

Müffelt es aus dem Geschirrspüler, ist eine gründliche Reinigung angebracht. Alle entnehmbaren Teile ausbauen und mit Spülmittellösung abwaschen. Grobes und feines Schmutzfangsieb herausnehmen und säubern. Die Sprüharme abziehen oder abschrauben und mit einem Zahnstocher Kalk, Kerne oder Ähnliches aus den Düsen entfernen. Dichtungen und Boden sauber wischen. Alle Teile wieder einbauen und auf dem Boden Natron verstreuen. Über Nacht einwirken lassen und danach wieder wie gewohnt mit Geschirr spülen.
ACHTUNG: Beim Einbau des Bodensiebs werden oft Fehler gemacht. Besser noch mal in der Bedienungsanleitung nachschauen,

KÜHLSCHRANK SÄUBERN

Tipp 61: Einmal im Monat sollte der Kühlschrank gründlich gesäubert werden. Dazu alle Teile herausnehmen und abwaschen. Innenraum auswischen. Tauwasserrinne und Ablaufloch säubern.

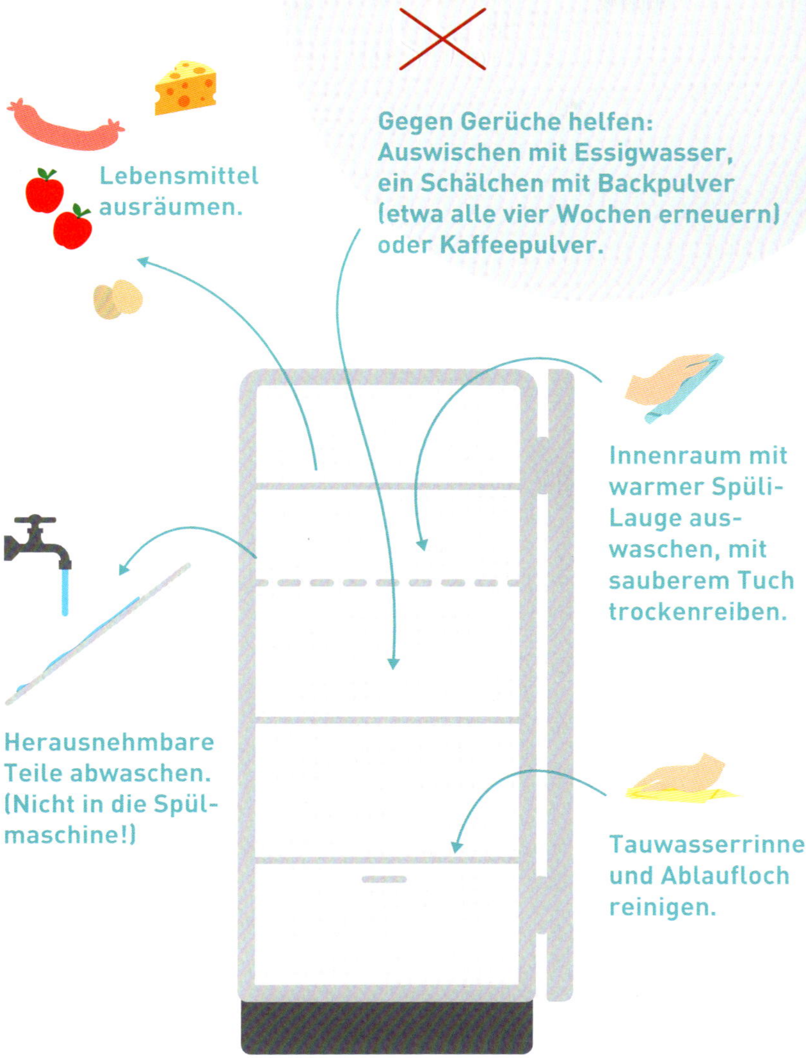

damit auch alles fest arretiert ist. Ansonsten kann es passieren, dass die Maschine kein Wasser mehr zieht, weil die Kontakte nicht aktiviert sind, oder das Spülergebnis wird unterirdisch, weil sich das saubere Wasser ständig mit der Schmutzflotte mischt.

63 Wie pflege ich meine Waschmaschine?

Es gehört eigentlich nicht viel dazu, dass eine Waschmaschine lange sauber wäscht. Mindestens einmal im Monat eine heiße Wäsche (60 Grad reicht) sorgt dafür, dass unangenehme Gerüche gar nicht erst entstehen.

Tipp 62: Damit es in der Spülmaschine nicht anfängt zu müffeln, die Tür nach dem Waschgang immer offen stehen lassen, Filter regelmäßig säubern. Mindestens einmal im Monat ein heißes Programm und zweimal im Jahr Maschinenreiniger verwenden.

64 Wie oft sollte ich das Bett neu beziehen?

Alle ein bis zwei Wochen sollte die Bettwäsche gewechselt werden. Nacktschläfer, Haustierbesitzer und starke Schwitzer öfter. Decken am Morgen immer gut aufschlagen und lüften, damit die Feuchtigkeit, die wir in der Nacht abgeben, gut trocknen kann. Lüften in der Sonne verscheucht Milben, die mögen kein UV-Licht. Bezüge immer auf links waschen. Dann lassen sie sich schneller wieder beziehen. Vor der Wäsche alle Knöpfe oder Reißverschlüsse schließen. Beim Wäschewechsel Matratze absaugen und lüften, am besten senkrecht hochstellen.

Tipp 63: Damit eine Waschmaschine sauber wäscht, solltet Ihr sie auch pflegen. Hier seht Ihr wie:

65 Ist flüssige Seife oder am Stück hygienischer?

Ob Ihr Euch mit Seife in flüssiger Form oder am Stück die Hände wascht, ist egal, Hauptsache Ihr tut es gründlich und regelmäßig und mit viel Schaum. Der Aggregatzustand der Seife spielt keine Rolle. Zwar hat Seife am Stück eher ein Schmuddelimage und ist in öffentlichen Einrichtungen kaum noch zu finden, aber für zu Hause ist sie genauso hygienisch wie Seife aus der Pumpe. Beide zerstören mit den enthaltenen Tensiden zuverlässig Corona-Viren, vorausgesetzt, der Waschvorgang dauert die dafür notwendigen 30 Sekunden. Die Seifenmoleküle brechen die aus Fetten bestehende Hülle des Virus auf und machen es so unschädlich. Bei Seifenstücken aber darauf achten, dass sie in einer trockenen Schale aufbewahrt werden.

66 Kann getragene Kleidung zurück in den Schrank?

Getragene Kleidung sollte wegen der Mottengefahr nicht zurück in den Schrank gehängt werden. Denn die kleinen Plagegeister werden von Schweißgeruch und Lebensmittelresten angezogen. Nun kann nicht jedes Kleidungsstück nach einmal tragen gewaschen oder in die Reinigung gebracht werden. Hosen, Blazer oder Pullis werden wieder „schrankfein", wenn sie ordentlich durchgelüftet wurden. Einfach auf den Bügel hängen und am besten über Nacht draußen an der frischen Luft ausdünsten. Auch manche Wäschetrockner bieten eine Lüftungsfunktion an. Meiner frischt die Kleidung mit Dampf auf. Sehr praktisch.

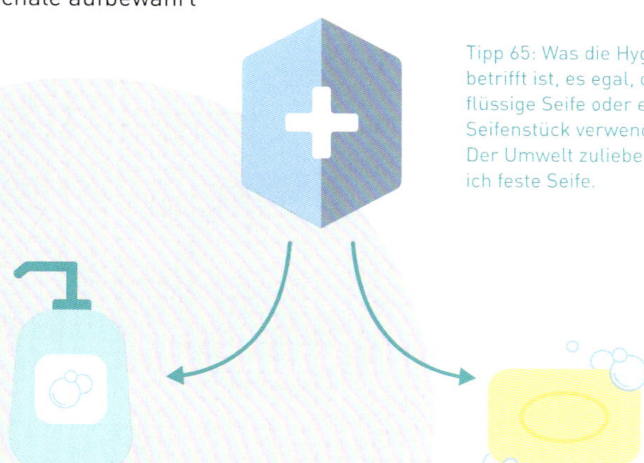

Tipp 65: Was die Hygiene betrifft ist, es egal, ob Ihr flüssige Seife oder ein Seifenstück verwendet. Der Umwelt zuliebe empfehle ich feste Seife.

Tipp 66: Getragene Kleidung zieht Motten an. Deswegen Klamotten entweder erst waschen oder sehr gut lüften, bevor sie wieder zurück in den Kleiderschrank kommen.

67 Plagegeister – Was tun gegen Kleidermotten?

Haben sich die wollfressenden Fieslinge im Schrank eingenistet, muss der gesamte Schrank ausgeräumt und mit leichter Spüli-Lösung ausgewaschen werden. Gut trocknen lassen und Ecken und Ritzen mit Föhn bearbeiten, um Eier und Larven abzutöten. Sämtliche Klamotten bei mindestens 40, besser 60 Grad waschen. Empfindliche Stücke können in Plastiktüten eingepackt für drei bis vier Tage in die Gefriertruhe. Kontrolliert auch unbedingt Teppiche und Gardinen. Die Biester setzen sich gerne auch dort fest. Kleine Teppiche können auch eingefroren werden. Größere kommen bei Minusgraden über Nacht nach draußen. Absaugen von beiden Seiten ist wichtig. Und: Lavendel und Zedernholz helfen sowohl im Schrank als auch aufgesprüht auf Wohntextilien.

68 Was tun gegen Lebensmittelmotten?

Bei Befall sämtliche Lebensmittelvorräte akribisch kontrollieren. Motten mögen trockene Produkte wie Nüsse, Müsli, Schokolade,

Getreide (Mehl, Grieß, Graupen, Teigwaren, Reis), Gewürze, Puddingpulver, Samen, Kekse, Mandeln, aber auch Tee, Trockenobst oder Zucker. Alles, in dem weiße Gespinste oder krabbelnde Larven sichtbar sind, sofort entsorgen. Gesamten Vorratsschrank ausräumen und mit Essigessenz auswaschen. Trockenwischen und mit Föhn in Ecken, Ritzen und Spalten nacharbeiten, um Motteneier abzutöten. Alle Vorratsbehälter gut waschen, auch die Deckel. Anschließend Pheromonfalle aufstellen. Für den Vorratsschrank immer dicht schließende Gefäße oder Vorratsbehälter verwenden und keine offenen Verpackungen rumstehen lassen.

69 Was tun gegen Fruchtfliegen?

Fruchtfliegen lassen sich im Sommer kaum verhindern. Denn wir bringen die Eier mit unseren Einkäufen zu uns ins Haus. Fruchtfliegen legen ihre Eier direkt auf frischem Obst oder Gemüse ab. Da die Waren in den Supermärkten gekühlt werden, sind sie dort noch fruchtfliegenfrei. Zu Hause im Warmen angekommen, schlüpfen die Larven dann nach kurzer Zeit. Mit einer selbstgemachten Fliegenfalle sind sie aber genauso schnell wieder weg. Etwas Obstessig oder Fruchtsaft und einen Tropfen Geschirrspülmittel auf eine Untertasse geben. Das Geschirrspülmittel setzt die Oberflächenspannung des Wassers herab, und die Fliegen ertrinken. **TIERFREUNDLICHER:** Einfach ein Stück Obst in einen Becher legen und die Fliegen dann draußen entsorgen. Oft werden Fruchtfliegen mit Trauermücken verwechselt. Die kommen aus der Blumenerde. Habt Ihr einen Befall, die Pflanze umtopfen und weniger gießen als zuvor!

70 Was tun gegen Silberfische?

Silberfische sind lichtscheu und halten sich in dunklen, feuchten Räumen auf, im Badezimmer oder Keller. Sie können es sich aber auch im Vorratsschrank, Bücherregal und sogar im Bett gemütlich machen. Sie ernähren sich von Hautschuppen, Milben und Stärkeresten. Große Schäden richten sie eigentlich nicht an, trotzdem sind sie keine willkommenen Gäste. Am besten vertreibt man sie mit regelmäßigem Lüften und Putzen. Außerdem Ritzen und Fugen regelmäßig staubsaugen. Bei stärkerem Befall hilft eine Silberfisch-Falle. Entweder ein feuchter Baumwolllappen, in dem sich die Tiere sammeln, oder ein mit Honig bestrichenes Blatt Papier. Die Tiere bleiben daran kleben und können entsorgt werden.

LEBENSMITTELMOTTEN

Tipp 68: Bei Mottenbefall in der Küche alle Vorräte sorgfältig kontrollieren. Betroffene Lebensmittel wegschmeißen. Schränke gründlich mit Essig auswaschen. Mit Föhn mögliche Eier abtöten und Mottenfallen aufstellen.

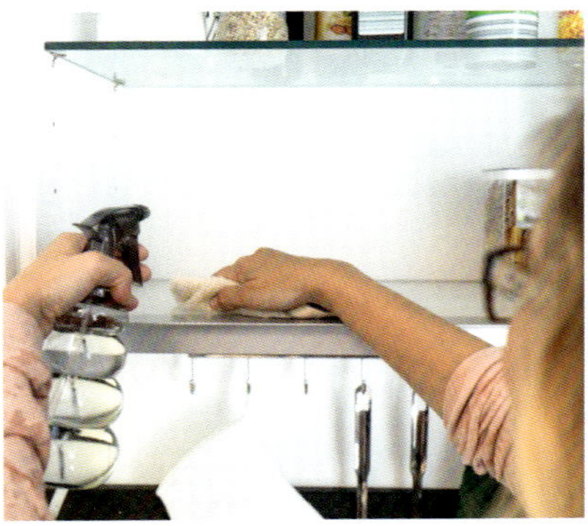

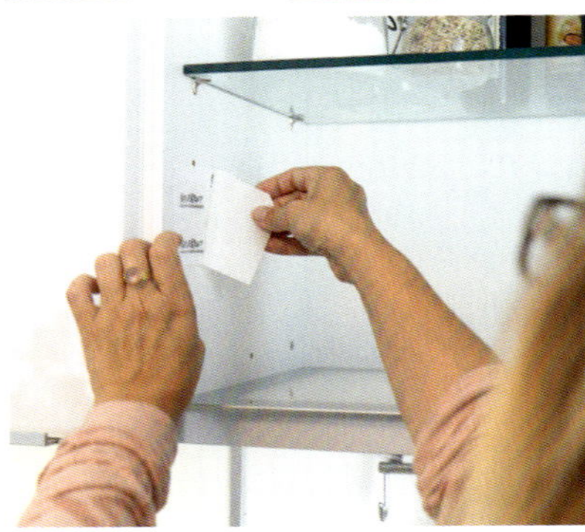

HELFER IM HAUSHALT

Auch zu HAUSHALTSGERÄTEN erreichen mich regelmäßig viele Fragen. Klar, die Anschaffungskosten unterscheiden sich teils erheblich, aber nicht immer ist das teuerste Gerät auch das beste. Der Markt ist unübersichtlich und es gibt wenig objektive Hilfen, die einen bei der Kaufentscheidung unterstützen. Ganz generell empfehle ich aber immer, die Geräte im Geschäft auf Herz und Nieren zu prüfen.

- Lassen sich die Körbe in der Spülmaschine gut hin und her schieben. Am besten Ihr packt ein paar Teller oder auch Töpfe hinein, um direkt zu merken, wo es hakt!
- Wie leicht lassen sich Schienen beim Backofen für die Reinigung entfernen?
- Wie liegt das Bügeleisen in der Hand? Und wie schwer wird es, wenn es mit Wasser gefüllt ist?

Am besten Ihr überlegt kurz, was Euch an Eurem Altgerät besonders genervt hat, und auch, auf welche Funktion Ihr nicht verzichten möchtet. So könnt Ihr zielgerichteter suchen. Das sind übrigens auch immer die ersten Recherchefragen in unseren Haushalts-Check-Sendungen im Fernsehen. Unser Ziel ist es, möglichst nah an den Alltagsproblemen und Fragestellungen von Euch zu sein – und so haben wir schon Erstaunliches erfahren.

Heike aus Kassel hat mich beispielsweise darauf aufmerksam gemacht, dass ihr Staubsaugermodell ein totaler Fehlkauf war, weil sie, um die Rohre zu verkürzen, einen Metallknopf eindrücken muss. Erstens bekommt sie das kaum hin und hat sich zweitens schon oft eine Blutblase durch Einklemmen geholt.

Bianca aus Mülheim wünscht sich sehnlich ihr altes Ceranfeld zurück, das sie noch mit Drehknöpfen steuern konnte. Ihr neues Touchfeld ist dermaßen empfindlich, dass es sich sofort ausschaltet, wenn es ein bisschen feucht wird. Als Köchin für einen 5-köpfigen Haushalt nervt sie das natürlich total.

71 Wieso waschen moderne Waschmaschinen so lange?

Bei modernen Geräten zieht sich der Heizvorgang über mehrere Waschdurchgänge, bis die gewünschte Programmtemperatur erreicht ist. Die Wäsche wird also länger mit niedrigeren Temperaturen gewaschen. Das spart Energie, kostet aber Zeit. Ältere Modelle heizen – bei höherem Energieverbrauch – viel schneller auf, die Wäsche wird

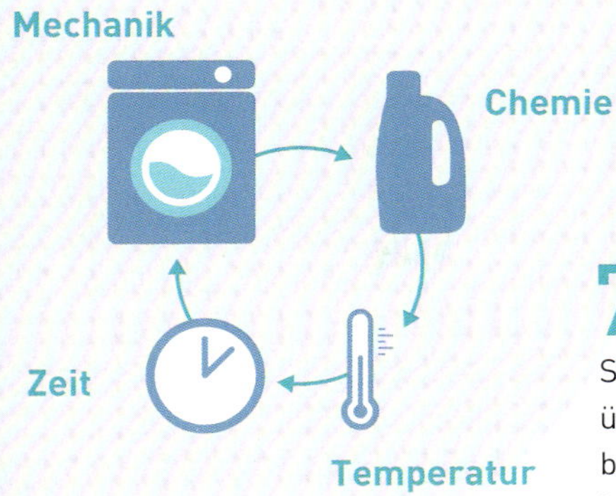

Tipp 71: Wie sauber eine Wäsche wird, hängt von den Faktoren Zeit, Temperatur, Mechanik und Chemie (Reiniger) ab.

kürzer, aber mit höheren Temperaturen gewaschen. Für ein gutes Waschergebnis sind vier Faktoren entscheidend: Zeit, Temperatur, Mechanik und Chemie. Sie sind voneinander abhängig. Wird ein Faktor reduziert – in diesem Fall die Temperatur – muss ein anderer Faktor (oder alle) – hier die Zeit – erhöht werden, damit das Waschergebnis dasselbe bleibt. Das dahinterliegende Prinzip heißt Sinner'scher Kreis.

Ökoprogramme waschen deswegen länger als Normalprogramme, weil sie die angegebene Waschtemperatur gar nicht erreichen, sondern durch ihre lange Laufzeit dasselbe Waschergebnis erzielen.

72 Brauche ich Enthärter für die Waschmaschine?

Spezielle Antikalkmittel sind überflüssig. Jedes Waschmittel beinhaltet bereits Enthärter. Nur wer in einer Region mit sehr hartem Wasser lebt, sollte vorbeugen und ein- bis zweimal im Jahr (etwa alle 200 Waschgänge) mit einem speziellen Maschinenreiniger sein Gerät entkalken.

73 Wann lohnt sich ein Wäschetrockner?

Im Grunde lohnt sich ein Trockner nur, wenn ausreichend Wäsche vorhanden ist, um ihn regelmäßig zu füllen. Die Trommelgrößen variieren zwischen 6 und 9 Kilogramm. Nicht nur die Menge der Wäsche, auch das Material der Wäsche entscheidet darüber, ob sich eine Anschaffung lohnt. Empfindliches, wie etwa Blusen, Hemden, Seide und Wolle, gehören nicht in den Trockner, denn der Trockenvorgang strapaziert das Gewebe. Unproblematisch sind Handtücher, Bettwäsche, Jeans, T-Shirts und Sweatshirts etc. Günstiger und umweltfreundlicher trocknet die Wäsche an der frischen Luft und in der Sonne.

Tipp 74: Am sparsamsten lässt es sich mit einfachem Pulver dosieren.

74 Braucht man bei Spültabs noch zusätzlich Salz und Klarspüler?

Ich empfehle generell keine All-in-one-Tabs, da die Menge des Reinigers, des Salzes und des Klarspülers nicht individuell an die Beladung der Maschine, Wasserhärte oder Art des Geschirrs angepasst werden kann. Damit die Salzmenge ideal auf den Härtegrad des Wassers abgestimmt wird, sollte die Spülmaschine das automatisch übernehmen. Deswegen immer die Wasserhärte vor Inbetriebnahme der Spülmaschine korrekt einstellen. Den Härtegrad des Wassers erfahrt Ihr beim zuständigen Wasserwerk. Ausschließlich die genormte Salzmenge im Tab zu nutzen, kann für einige Haushalte passen, für andere aber nicht. Gleiches gilt für den Klarspüler. Ich selbst benutze Einzelkomponenten und nur einfaches Pulver. Das lässt sich gut dosieren und ist günstig.

75 Was ist der bittere Belag nach dem Spülgang auf Geschirr und Besteck?

Gerade mit All-in-one-Geschirrtabs wird oft überdosiert – und Salz, Seife und Spüler beim letzten Spülgang nicht restlos weggewaschen. Ein Problem besonders bei den wasser-

Tipp 75: Überdosierung durch All-in-one-Tabs: Zu viel Seife, Klarspüler oder Salz kann einen schlecht schmeckenden Film auf Geschirr hinterlassen.

Tipp 76: Gegen Kalkflecken auf Gläsern hilft ein Säurebad, gegen Glaskorrosion hilft leider nichts.

sparenden, modernen Geräten. Alle Komponenten können für den üblen Geschmack verantwortlich sein.

- **KLARSPÜLER** hinterlässt einen fettigen, übelschmeckenden Belag. **LÖSUNG:** Menge in Dosierungsklappe reduzieren.
- Auch ein Film aus **SEIFE** schmeckt bitter und fies. **LÖSUNG:** Von Tabs auf Pulver umsteigen oder erst mal nur noch halbe Tabs verwenden.
- Salzig schmeckt es, wenn die Konzentration des **SPEZIALSALZES** im Spülwasser zu hoch ist. **LÖSUNG:** Wasserhärte an Spülmaschine korrekt einstellen oder Menge in den Einstellungen nachregulieren.

WICHTIG: Geschirrspüler so beladen, dass die Sprüharme überall gut hinkommen und den Reiniger von allen Teilen gut abspülen können.

76 Wie rette ich trübe Gläser aus der Spülmaschine?

Wenn Klarspüler und Salz nicht richtig dosiert sind, kommen Gläser oft verkalkt aus der Spülmaschine. Das hilft: Einen Schuss Essigsäure, Zitronensäure oder Salmiakgeist in heißes (kein kochendes) Wasser geben und die Gläser mit der Öffnung nach unten in die Reinigungslösung stellen, etwa eine halbe Stunde einwirken lassen. Gläser abspülen und abtrocknen. Allerdings:

Wenn Gläser häufig hohen Temperaturen ausgesetzt werden, können sie auch korrodieren. Dann lassen sich die Eintrübungen nicht mehr entfernen. Meist betrifft das zwar günstige Glasware, aber nicht nur. Wer auf Nummer sicher gehen will, spült hochwertige Gläser per Hand.

UNTERSCHIED „SPÜLMASCHINENFEST" UND „SPÜLMASCHINENGEEIGNET"

Steht hinten auf Geschirr oder Gläsern „spülmaschinenfest", ist die Reinigung in der Maschine unbedenklich. Ist das Geschirr „spülmaschinengeeignet" können dabei durchaus Schäden entstehen. Der Begriff ist nicht geschützt und gibt lediglich Erfahrungswerte der Hersteller wieder.

Tipp 77: Wird die Eisschicht zu dick, sollte das Gefriergerät abgetaut werden.

77 Wann muss ich das Gefrierfach abtauen?

Ist die Eisschicht dicker als 1 cm, ist es Zeit zum Abtauen. Denn je mehr Eis vorhanden ist, desto mehr Energie wird zum Kühlen verbraucht. Zum Abtauen Eisfach oder Gefrierschrank leeren und ausschalten. Vorräte in Kühlboxen zwischenlagern. Türen öffnen und eine Schüssel mit warmem Wasser in das Gerät stellen. Zur Sicherheit Handtücher vorlegen. Nicht mit scharfen Gegenständen versuchen das Eis zu lösen. Wenn alles geschmolzen ist, Seiten mit Essigwasser, Ablageflächen mit Neutralreiniger abwaschen und trockenreiben. Noch etwa 10 Minuten nachtrocknen lassen. Gerät wieder einschalten und mindestens 15 Minuten laufen lassen, bevor

wieder eingeräumt wird. Eiskristalle bilden sich, wenn die Temperatur im Gefrierschrank schwankt, weil die Türen ständig geöffnet werden oder zu viele oder zu warme Lebensmittel eingefroren werden.

BESSER EINFRIEREN – MEIN UMWELTTIPP

Statt in Einmal-Gefrierbeuteln, empfehle ich, Lebensmittel in möglichst kleinen luftdichten Vorratsdosen einzufrieren und anschließend in Bienenwachsfolie oder Butterbrottüten im Gefrierschrank zu verstauen. Die Behälter zum Einfrieren immer so klein es geht wählen, damit möglichst wenig Luft beim Gefriervorgang vorhanden ist. Das beugt Gefrierbrand vor. Der ist zwar nicht gesundheitsschädlich, kann aber den Geschmack beeinflussen. Sind die Lebensmittel erst mal gefroren, können sie in nicht luftdichte Verpackungen umgefüllt werden.
Am nachhaltigsten sind Gefrierbehälter aus Glas oder Metall – siehe Seite 17.

DARAN DENKEN: Türen von Kühlgeräten immer nur kurz öffnen und keine warmen Speisen oder zu viele Lebensmittel gleichzeitig einfrieren.

78 Wieso saugt mein Staubsauger nicht mehr richtig?

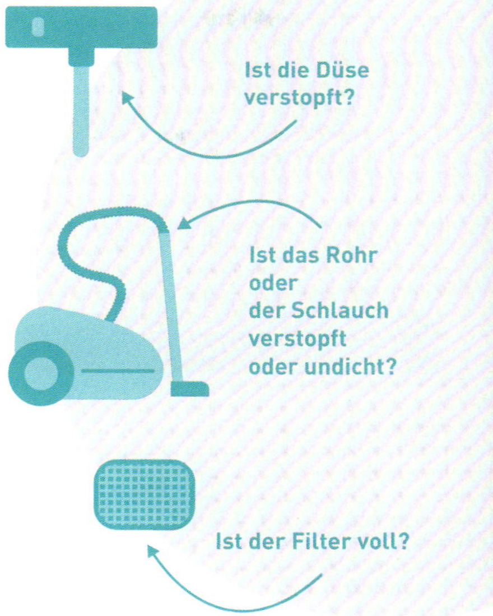

79 Lohnt sich ein Saugroboter?

Ein Saugroboter ersetzt nicht das gründliche Staubsaugen mit einem normalen Sauger. Er ist eher ein Zusatzgerät, das schnell mal zwischendurch oder nebenbei Krümel, Haare und Staubflusen entfernt, so wie früher Handfeger und Kehrblech. Die Anschaffung lohnt sich bei großen, relativ unverwinkelten Räumen ohne große Hindernisse, Schwellen oder

Tipp 79: Ein Saugroboter ist bequem, aber ersetzt nicht das gründliche Staubsaugen mit einem normalen Sauger.

Treppen. Teppiche, viele Möbel oder Ecken lassen viele Roboter buchstäblich in die Leere laufen. Unbedingt die Höhe von Sofa und Bett beachten. Oft fährt sich der kleine Haushaltshelfer dort fest.

80 Wie erwärme ich Speisen in der Mikrowelle?

Die Mikrowelle ist zwar superschnell im Aufwärmen von Speisen, allerdings sollte dabei nicht der Turbo eingeschaltet werden. Denn bei hohen Wattzahlen ist das Essen außen oft schon glühend heiß und innen aber noch kalt. Lieber drei Minuten bei 360 Watt erhitzen als eine Minute bei 900 Watt. Mit weniger Leistung verteilen sich die wärmeerzeugenden Mikrowellen gleichmäßiger im Inneren des Lebensmittels.

81 Muss ich zum Bügeln destilliertes Wasser verwenden?

Das kommt auf das Modell an. Bitte immer in der Bedienungsanleitung nachlesen. Die meisten Modelle funktionieren prima mit Leitungswasser. Destilliertes Wasser hat den Vorteil, dass es keinen Kalk enthält, das Bügeleisen also nicht regelmäßig entkalkt werden muss. Dafür kostet es aber deutlich mehr als Wasser aus dem Hahn.

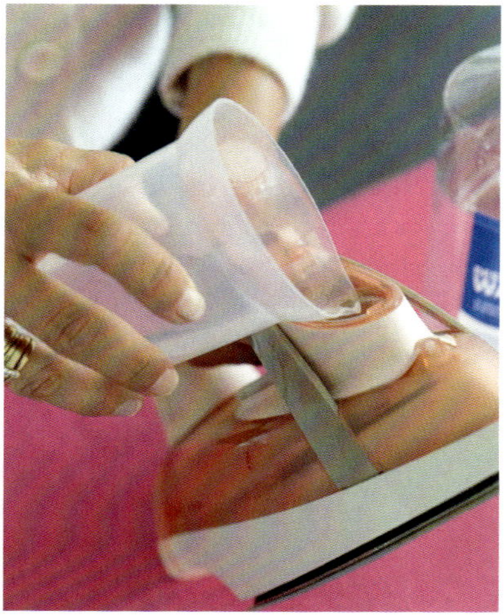

Tipp 81: Destilliertes Wasser ist für die meisten Bügeleisenmodelle nicht notwendig. Allerdings verhindert es die Kalkbildung. Regelmäßiges Entkalken des Geräts fällt so weg.

82 Helfen Filter gegen Verkalkung von Hausgeräten?

Wasserfilter versprechen, gegen Verkalkung zu schützen, indem sie unter anderem Calcium aus dem Wasser herausfiltern – zusammen mit anderen angeblichen „Verunreinigungen". Ich halte das für Humbug! Unser Trinkwasser ist das am besten und am strengsten untersuchte Lebensmittel in Deutschland und von sehr guter Qualität! Es enthält keine Verunreinigungen und muss – aus gesundheitlichen Gründen – nicht gefiltert werden. Hartes, also sehr kalkhaltiges Wasser führt zwar schneller zu Kalkbildung als weiches Wasser. Mit einfacher Zitronensäure lassen sich Wasserkocher, Kaffeemaschine und Co. aber schnell und unkompliziert entkalken.

83 Bringen Dunstabzugshauben überhaupt was?

Die Abzugshaube ist das meistunterschätzte Gerät in der Küche. Leider wird sie oft nur als teure Beleuchtung benutzt. Viele schalten sie nicht ein, weil der Lärm so nervtötend ist. Dabei verhindern die Hauben, dass Fett, Gerüche und Kondenswasser lange in der Raumluft bleiben und sich an Wänden und Möbeln ablagern. Damit Küchendünste schnell abziehen:

- Schon fünf Minuten vor dem Kochen oder Braten einschalten, um den Luftstrom in die richtige Richtung zu lenken.
- Ebenso lange nachlaufen lassen.
- Filter und Aktivkohle regelmäßig reinigen bzw. erneuern.

BESSERER VERBRAUCH – MEIN UMWELTTIPP

Beim Kauf von Haushaltsgeräten immer auf das **ENERGIELABEL** achten. Denn mit einem effizienten Gerät spart Ihr nicht nur Strom und Wasser, sondern auch jede Menge Geld. Die höheren Anschaffungskosten für besonders sparsame Haushaltsgeräte können sich oft schon in wenigen Jahren amortisieren. Allerdings gelten für das Label ganz bestimmte Kriterien, so wird bei Waschmaschinen beispielsweise das Ökoprogramm bewertet, das recht lange braucht und für Familien wenig praktikabel ist. Will heißen: Das Energielabel gibt einen groben Überblick über die Energiekosten, in der Praxis werden diese aber oft nicht eingehalten. Trotzdem: Das Label hat seine Berechtigung, alleine schon, weil es Kunden ermöglicht, Produkte zu vergleichen.

Seit März 2021 gilt in der EU ein neues Energielabel für Kühl- und Gefriergeräte, Geschirrspüler, Waschmaschinen, elektronische Displays und Fernseher. Die Richtwerte für die sieben Stufen von A bis G (dunkelgrün bis rot) sind deutlich strenger geworden. So hat sich die Einordnung in die einzelnen Stufen verschoben. Die Kennzeichnung A+++ wurde abgeschafft. Die Klasse A wird derzeit selbst von den modernsten und sparsamsten Geräten nur in Ausnahmefällen erreicht. So soll auf lange Sicht verhindert werden, dass wieder ein A+ für noch bessere Modelle eingeführt werden muss. Ab September 2021 gilt die Regelung auch für Leuchtmittel, 2024 folgen dann Backöfen, Wäschetrockner und Staubsauger.

ENERGIELABEL

Für die meisten Elektrogeräte gilt das EU-Energielabel. Je nach Produktgruppen unterscheiden sich die Angaben. Die wichtigsten Informationen haben wir hier zusammengefasst:

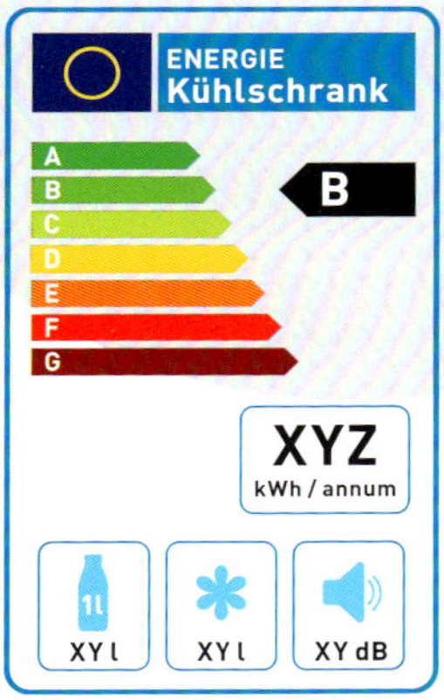

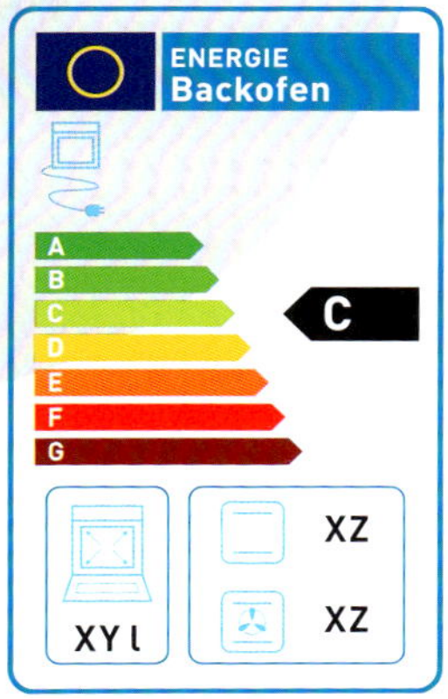

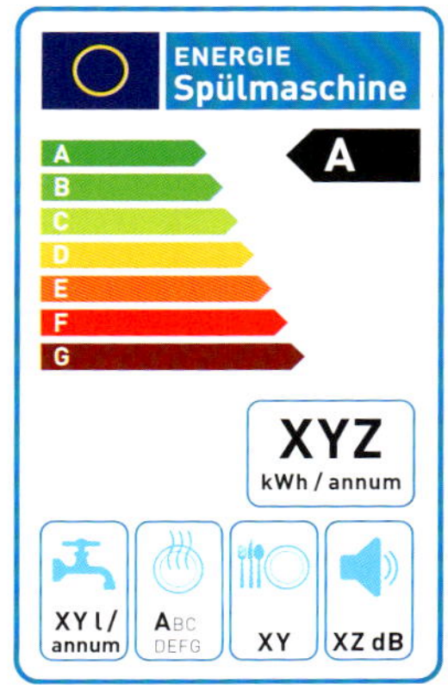

- Durchschnittlicher Stromverbrauch / Jahr
- Nutzvolumen der Kühlfächer
- Nutzvolumen des Gefrierteils
- Betriebslautstärke

- Energiequelle (Strom, Gas)
- Nutzbares Garraum-Volumen
- Energieverbrauch pro Normbackvorgang in kWh für die Beheizungsarten: „konventionell“ und „Umluft / Heißluft“

- Durchschnittlicher Stromverbrauch / Jahr (280 Spülgänge)
- Durchschnittlicher Wasserverbrauch / Jahr (280 Spülgänge)
- Trocknungsklasse
- Kapazität (Anzahl der Maßgedecke)
- Betriebslautstärke

ENERGIELABEL

Für Elektro-Großgeräte gilt ein europaweit einheitliches EU-Energielabel. Die wichtigste Information darauf ist die Energieeffizienzklasse. Auf dem Label findest Du außerdem Angaben zu Hersteller und Modell.

DAS
BISSCHEN
HAUSHALT

Das Wichtigste, was ich in meiner Ausbildung zur Hauswirtschaftsmeisterin gelernt habe, war, die Tatsache anzuerkennen, dass mit planvoller Organisation ein Familienhaushalt wesentlich besser zu bewältigen ist. Sich durch den Tag treibenzulassen, wenig Struktur in den stets wiederkehrenden Aufgaben zu haben und den Zeitfaktor nicht einschätzen zu können, führt zwangsläufig zu einem Gefühl der Überforderung. Da wird einiges angefangen, aber nicht zu Ende geführt (gutes Beispiel: der Frühjahrsputz!), einiges vielleicht regelmäßig bearbeitet – die Wäsche beispielsweise –, anderes fällt komplett hinten runter. Etwa die fettige Abzugshaube, die ihren Dienst nicht mehr tut, oder die chaotische Abstellkammer, die einen jeden Tag nervt, weil einem beim Öffnen das Bügelbrett entgegenfällt.

Meine Konsequenz war es damals, mir gemeinsam mit meinem Mann zu überlegen, wie aufgeräumt, sauber, voll, ... wir es zu Hause haben wollen. Anschließend haben wir uns einen Plan gemacht mit realistischen, an unseren Alltag angepassten Abläufen, Zeiten und Materialien. Das hört sich viel schlimmer (und spießiger) an, als es ist. Denn das Ergebnis von ein bisschen mehr PLANUNG IM HAUSHALT ist viel mehr Zeit für Schöneres.

Wir haben unsere ausgehandelten Ansprüche immer wieder an unsere Lebenssituation angepasst – und als wir beide außer Haus erwerbstätig waren, beispielsweise eine Hilfe angestellt. Mittlerweile brauchen wir die nicht mehr. Dafür haben wir in einen guten, hochwertigen Staubsauger investiert und gleich ein intelligentes Aufhängesystem mitgekauft.

Meiner Tochter habe ich für ihre kleine Wohnung mit hohen Decken einen Wäscheständer zum Hochziehen geschenkt. So fehlt kein Platz im Wohnraum, und ihr macht es viel mehr Freude, die Wäsche aufzuhängen.

Also ist mein Plädoyer an alle: Macht Euch einmal richtig Gedanken über Euren Haushalt – Ihr werdet davon profitieren!

84 Was gehört zum Frühjahrsputz?

Einmal im Jahr sollten auch die Stellen geputzt werden, die sonst eher vernachlässigt werden. Bitte unterschätzt den zeitlichen Aufwand nicht. Es dauert, alles auszuräumen, zu säubern und wieder einzuräumen.

Am besten einen realistischen Zeitplan erstellen und mit einem Zimmer anfangen. Grundsätzlich gilt: Immer von oben nach unten und von hinten nach vorne putzen. Serienarbeit spart Zeit, also alle Fenster zusammen putzen, alle Böden, alle Waschbecken, alle Betten etc.

85 Wie klappt es endlich mit dem Haushalt?

Was ein gut funktionierender Haushalt ist, ist reine Ermessenssache. Jede Familie hat da eine andere Ansicht – und das ist okay.

Was für die einen Gemütlichkeit, ist für die anderen Chaos. Beim Thema Ordnung gibt es kein richtig oder falsch, nur verschiedene Sichtweisen – und die herrschen oft auch innerhalb der Familie. Klare Regeln und feste Absprachen sind sinnvoll, damit sich alle Parteien wohlfühlen. Mit einem Putzplan kann festgelegt werden, was notwendig/wichtig/wünschenswert ist und wie oft was geputzt werden muss.

Wichtig ist ein gutes Zeitmanagement. Überlegt Euch, wie lange Ihr realistisch für bestimmte Tätigkeiten benötigt, und plant den Tag entsprechend. Wenn das Waschprogramm zwei Stunden läuft und in einer Stunde ein Termin außer Haus ansteht, dann besser Wäsche verschieben oder so programmieren, dass sie fertig ist, wenn man wieder nach Hause kommt.

Es spart übrigens viel Arbeit, wenn man gewisse Handgriffe automatisiert. Also direkt nach dem Aufstehen das Bett machen, Geschirr direkt in die Spülmaschine einräumen oder getragene Kleidung nach dem Ausziehen in den Wäschekorb legen.

86 Wie schaffe ich Ordnung?

Mit drei einfachen Regeln kann man leicht Ordnung schaffen.

1. **EIN FESTER PLATZ FÜR JEDEN GEGENSTAND.** Es erfordert Disziplin und Konsequenz, Dinge immer zurück an denselben Ort zu räumen, wenn sie benutzt wurden. Aber man kann sich dran gewöhnen, und langfristig schont es gewaltig die Nerven.

2. **WER WENIGER HAT, LEBT ORDENTLICHER.** Weniger Sachen verursachen weniger Chaos. Ausmisten befreit von Ballast.

3. **BEWUSST NEU KAUFEN VERHINDERT CHAOS.** Vor jeder Neuanschaffung genau überlegen, ob sie notwendig ist. Mein Trick: Handyfoto vom Produkt machen und eine Nacht drüber schlafen. Und für jede Neuanschaffung eine alte entsorgen.

FRÜHJAHRSPUTZ

REGELN

1. Zeit nehmen.
2. Arbeitsmaterialien und Putzmittel zurechtlegen.
3. Alles, was erneuert werden muss, besorgen (Filter für die Dunstabzugshaube, Leuchtmittel, Batterien etc.).
4. Die Dinge putzen, die selten geputzt werden (unter dem Sofa, auf dem Schrank, hinter den Büchern im Regal, Türen und Türzargen, Lichtschalter, Fernbedienungen ...).
5. Von oben nach unten und von hinten nach vorne arbeiten.
6. Alles, was in jedem Raum gemacht werden muss, zusammen erledigen (Fenster, Böden, Waschbecken, Betten).

Benötigtes Arbeitsmaterial

Allgemeine Arbeiten

- Teppiche ausschütteln.
- Böden saugen und anschließend feucht wischen.
- Möbel abstauben und feucht nachwischen.
- Regale und Kästen ausräumen und innen abstauben und putzen.
- Holzmöbel mit Politur pflegen.
- Polstermöbel gründlich absaugen (auch hinten), bei Bedarf waschen.
- Flecken aus Polstern und Teppichen entfernen.
- Fernseher, Computer und Co. reinigen.
- Gardinen abnehmen und waschen.
- Rollos und Jalousien reinigen. Geht ganz einfach mit einer über die Hand gestülpten, feuchten Socke.
- Fensterbänke abräumen, entstauben und feucht abwischen.
- Heizkörper entstauben und säubern.
- Fenster und -rahmen putzen.
- Türrahmen und -klinken, Lichtschalter putzen.
- Lampenschirme abstauben.
- Bett mit geeignetem Aufsatz absaugen.
- Unter dem Bett saugen und wischen.
- Bettdecken und Matratzen gründlich lüften oder waschen.

Küche

- Kühlschrank ausräumen und putzen.
- Bei Bedarf Tiefkühlgerät abtauen.
- Schränke innen und außen reinigen.
- Backofen und Herd gründlich reinigen.
- Kaffeemaschine und Wasserkocher entkalken.
- Geschirrspüler mit Maschinenreiniger säubern und Filter reinigen.
- Unter- und Oberseiten der Oberschränke säubern.
- Schubladen und Mülleimerschrank ausräumen und putzen.
- Wasserhahn und Spülbecken polieren, Kalkablagerungen entfernen, Abfluss reinigen.
- Dunstabzug putzen, Filter reinigen oder wechseln.
- Küchenrückwand und Fliesen putzen und von Fettspritzern befreien.

FRÜHJAHRSPUTZ

Badezimmer

- Armaturen entkalken: Wasserhahn, Brause und Co. mit Kalkreiniger einsprühen, einwirken lassen und abwischen. Bei hartnäckigen Flecken mit Zitronensäure befeuchtete Küchenpapiere aufkleben und wirken lassen.
- Abflüsse von Haaren und Schmutz befreien und reinigen.
- Badezimmerschränke ausräumen und innen und außen putzen.
- Kosmetikartikel aussortieren.
- Waschbecken, Badewanne und Dusche gründlich schrubben.
- Toilette innen und außen putzen.
- Türgriffe, Spültasten und Seifenspender gründlich reinigen.
- Badvorleger waschen.
- Mülleimer gründlich säubern.
- Boden wischen.

MEIN TIPP

Der Frühjahrsputz ist eine gute Gelegenheit zum Aussortieren und sich von Sachen zu trennen, die Ihr kaum oder gar nicht verwendet. (Wie das am einfachsten geht, lest Ihr in Tipp 88 und 89 auf Seite 78 bis 83).

Außerdem gehört zu einem guten Frühjahrsputz

Waschmaschine
mit Maschinenreiniger säubern.

Waschmaschine und Trockner
putzen, inklusive Waschmittelfach, Bullauge und Flusensieb.

Staubsauger
säubern, Filter kontrollieren, gegebenenfalls ersetzen.

Mein Putzplan

Täglich
- Betten machen
- Aufräumen
- Geschirr spülen
- Waschbecken auswischen

2x in der Woche
- Staubsaugen oder fegen
- Müll rausbringen

1x in der Woche
- Großeinkauf
- Waschmittelschublade reinigen
- Staub wischen
- Polstermöbel saugen
- Bad und Böden putzen
- Bettwäsche wechseln

1x im Monat
- Kühlschrank auswischen
- Backofen reinigen

4x im Jahr
- Matratze wenden
- Fenster putzen

2x im Jahr
- Waschmaschine und Geschirrspüler mit Maschinenreinger säubern
- Gardinen waschen

1x im Jahr
- Kleiderschrank aussortieren

Die drei Regeln, um Ordnung zu **schaffen**:
1. Jeder Gegenstand hat einen festen Platz.
2. Wer weniger hat, lebt ordentlicher.
3. Bewusst neu kaufen.

Die drei Regeln, um Ordnung zu **halten**:
1. Aufräumen im Vorbeigehen.
2. Dreiviertelvoll ist voll.
3. Ordnungssysteme schaffen Struktur.

87 Wie halte ich Ordnung?

Um die geschaffene Ordnung dauerhaft zu erhalten, gibt es ebenfalls drei einfache Regeln.

1. **AUFRÄUMEN IM VORBEIGEHEN.** Jedes Mal, wenn man einen Raum verlässt, etwas mitnehmen, was da nicht hingehört. Gelesene Zeitungen, Tassen, Kinderspielzeug ...

2. **DREIVIERTELVOLL IST VOLL.** Die Drei-Viertel-Regel gilt sowohl für Büroordner als auch für Kleiderschränke, Ablageflächen und Regale. Ist die Kleiderstange zu drei Vierteln gefüllt, lassen sich Bügel hin und her schieben, bei dreiviertelvollen Geschirrschränken schließen Türen problemlos und Schubladen lassen sich bequem öffnen.

3. **ORDNUNGSSYSTEME SCHAFFEN STRUKTUR.** Damit einem beim Öffnen von Schranktüren nicht jedes Mal der Besen, das Staubsaugerrohr oder die Kiste mit den Mützen entgegenkommt, lohnt sich ein praktisches Aufhängesystem. Hängesysteme, Haken und Regalbretter schaffen Übersicht. Sinnvoll für Schränke sind Schubladentrenner. Körbchen sind praktisch für Kleinteile in Kühlschrank und Badezimmer. (Sie machen auch die Reinigung einfacher.) Boxen und Kisten eignen sich für Handschuhe, Mützen und Schals an der Garderobe. Kartons, Kisten oder Taschen sind ideal für Spielzeuge im Kinderzimmer.

MEIN TIPP GEGEN CHAOS

Wer schnell Ordnung schaffen möchte, räumt – statt wegen jeder Kleinigkeit in die verschiedenen Zimmer zu rennen – den gesamten herumliegenden Kram in eine Kiste und verteilt die Gegenstände dann an ihren Platz im entsprechenden Zimmer.

88 Wie sortiere ich am besten aus?

Das Wichtigste beim Ausmisten ist, klein anzufangen und nicht gleich den gesamten Keller entrümpeln zu wollen. Sonst fängt man mit großem Elan an, verliert schnell den Überblick und irgendwann die Lust. Deswegen lieber nur ein Regal oder eine Schublade vornehmen.

DREI KISTEN sind nötig. Jeweils eine für:

- Alles, was in den Müll kann. (Schrott)
- Alles, was noch verkauft werden kann. (Gut erhaltener Schrott)
- Alles, was speziell entsorgt werden muss. (Kleidung, alte Farbe, technische Geräte etc.)

KISTE FÜR SCHROTT

Alles, was nicht mehr richtig funktioniert, defekt, zerrissen, gesplittert oder anderweitig kaputt ist, kann weg. Es sei denn, es hängt wirklich Euer Herz dran, z. B. der alte UKW-Empfänger vom Opa.

KISTE FÜR ZU VERKAUFEN/ VERSCHENKEN

Viele gebrauchte Möbel, Gemälde, technische Geräte, Gebrauchsgegenstände, Geschirr oder Hausrat lassen sich noch gut im Internet verkaufen. Generell gilt: Markenware ist heiß begehrt. Wer nicht verkaufen will, kann die Sachen auch zum Verschenken anbieten. Sozialkaufhäuser oder die örtlichen Entsorgungsunternehmen nehmen auch Mobiliar und gut erhaltene Gebrauchsgegenstände an.

KISTE FÜR SPERRMÜLL

Gebrauchte Möbel, Matratzen, kaputte Geräte, wie Fernseher, Lampe, Radio, Föhn oder Staubsauger, gehören auf den Recycling- und Wertstoffhof. Hier landet alles, was zu groß ist für die normale Mülltonne (Matratze, Teppich, Möbel), was noch wiederverwertet werden kann (Kunststoff, Holz, Metallschrott) oder was speziell entsorgt werden muss. Zum Sondermüll zählen etwa Batterien, Elektrogeräte, Energiesparlampen, Datenträger, Textilien, Bauabfälle, Farben, Lacke, Lösungsmittel, Laugen und Spraydosen.

Idealerweise habt Ihr am Ende der Ausmistaktion **JEDES** Teil aus dem betreffenden Raum/Wohnung/Garage/Keller/Dachboden in der Hand gehabt und entschieden, ob Ihr es behalten wollt oder ob es wegkann!

89 Wie miste ich den Kleiderschrank aus?

Auch hier gilt natürlich die Ausmistregel Nr. 1: Klein anfangen! Lieber Schublade für Schublade, Regal für Regal oder Kleiderstange für Kleiderstange vorarbeiten. Als Erstes alle Kleidungsstücke aus der Schublade/dem Regal/dem Schrank räumen und jedes Teil vor dem Spiegel anprobieren.

KRITISCHE FRAGEN EHRLICH (!) BEANTWORTEN

- Passt das Kleidungsstück?
- Steht es mir?
- Sitzt es richtig?
- Ist es bequem?
- Passt es noch zu mir?
- Gibt es Gelegenheiten, es anzuziehen?

Ein **NEIN** ist ein K.-o.-Kriterium. Es sei denn, es handelt sich um Hochzeitskleidung, das erste selbstgekaufte Designerteil oder andere Sachen mit ideellem Wert. Teile, für die alle Fragen mit **JA** beantwortet werden und die außerdem noch heil sind, können zurück in

Tipp 89: Regelmäßig den Kleiderschrank ausmisten schafft Platz und Ordnung, ist aber nicht ganz leicht. Wichtig: Immer klein anfangen.

den Schrank. Aus den restlichen Teilen Haufen bilden:

· Ändern/reparieren
· Verkaufen oder verschenken
· Kann weg
· Unentschlossen

ÄNDERN/REPARIEREN: Teile zur Seite legen und Näheinheit einplanen oder Textilien zum Schneider bringen.

VERKAUFEN ODER VERSCHENKEN: Die Stücke, die verkauft werden sollen, ordentlich zusammenlegen und direkt zum nächsten Second-Hand-Laden bringen. Oder Fotos machen und selbst auf Onlineplattformen verkaufen oder verschenken. Gut erhaltene Kleidung kann auch an Kleiderkammern, Sozialkaufhäuser oder Frauenhäuser gespendet werden. Wenn Ihr Sachen zum Kleidercontainer bringen wollt, bitte die legalen Tonnen füllen. Die erkennt Ihr an dem DZI-Spendensiegel, dem FAIRWERTUNG-Logo oder dem BVSE-Qualitätssiegel Alttextilsammlung auf dem Container oder der Homepage.

Tipp 89: Aus alten T-Shirts oder Unterhemden werden garantiert fusselfreie, weiche Putzlappen für den alltäglichen Hausputz. Besonders schonend für Hochglanzfronten oder unschlagbar auf Glas.

KANN WEG: Löchrige Handtücher, Bettwäsche, Sweatshirts und T-Shirts geben noch prima – garantiert fusselfreie – Putzlappen ab. Kaputte Nylonstrümpfe sind ideale Staubfänger.

UNENTSCHLOSSEN: Was ist mit den Sachen, an denen das Herz hängt, die aber schon lange nicht mehr angezogen werden? Meine Empfehlung: Alles, was seit zwei Jahren nicht mehr getragen wurde, wird auch in Zukunft nicht mehr angezogen – und gehört auf den „Kann weg"-Haufen. Ausnahme: Abendgarderobe oder Kleidung, an der man aus sentimentalen Gründen hängt.

Falls Ihr Motten im Schrank haben solltet, schaut auf Seite 55 was man dagegen tun kann.

ENTSCHEIDUNGSHILFE ZUM AUSMISTEN

Macht mir dieser Gegenstand Freude?

Vorratsdosen, die sich nur mit Gewalt in den Schrank pressen lassen, machen keinen Spaß.

Bei Klamotten zusätzlich: Habe ich es doppelt oder dreifach?

Kostet der Gegenstand Energie in irgendeiner Form? Braucht er Pflege etc.?

JA!

Nimmt es viel Platz weg, den Ihr eigentlich besser verwenden könntet?

Ist der Gegenstand einfach wieder zu besorgen oder ist er unwiederbringlich verloren, wenn er aussortiert wird?

90 Was ist, wenn ich nicht alles schaffe?

Meine Tipps sollen die Hausarbeit erleichtern, nicht für Stress sorgen. Und natürlich sollte jeder ab und zu mal fünfe gerade sein lassen und sich eine Auszeit gönnen, wenn alles zu viel wird. Eine, aber wirklich nur eine Kruschelschublade gehört in jeden Haushalt. Schließlich wollen wir neben der ganzen Effizienz auch mal kurz durchatmen und den gerade jetzt störenden Gegenstand schnell verschwinden lassen. Gut ist es aber, auch diese Schublade jährlich auszukippen, um alte Schnuller, nicht mehr klebende Pflaster, Streichholzdosen, die nur noch abgebrannte Hölzer enthalten, leere Textmarker, Kulis etc. zu entsorgen.

EXTRA TIPP ZU STREICHHOLZ-SCHACHTELN: Ich klebe unter eine volle Schachtel immer eine leere, in der ich dann die abgebrannten Hölzer versenke.

91 Wie komme ich mit kleinem Budget aus?

Ein Haushaltsbuch verschafft innerhalb von vier Wochen einen guten Überblick über alle Haushaltsausgaben. Bitte dabei auch die Kosten mitberücksichtigen, die alle drei oder sechs Monate anfallen, wie Autoversicherung oder Vereinsbeitrag. Daraus ergeben sich verschiedene Sparpotentiale.

- Beim **LEBENSMITTELEINKAUF** wird es günstiger, wenn man zielgerichtet shoppt. Ein Essensplan für die Woche und ein guter Einkaufszettel sparen Zeit und Geld. (Wie man beim Einkaufen sonst noch sparen kann, lest Ihr in Tipp 104, Seite 100.)
- Bei **KOSTEN** für Mobiltelefon, Internet, Gas, Wasser, Strom oder auch die Bank lohnt es sich, regelmäßig den Anbieter zu wechseln. Für Neukunden gibt es fast überall gute Rabatte.
- Manchmal ist der laufende **TARIF** auch bei Versicherungen für Krankenkasse, Auto und Wohnung teurer als ein Neutarif. Es lohnt sich nachzufragen, ob der Versicherer nicht bessere Konditionen anbieten kann.
- Bei den **HEIZKOSTEN** kannst Du viel Geld sparen, wenn Du richtig lüftest und heizt – siehe Tipp 97, Seite 88.)
- Nutz die **ENERGIESPAR-PROGRAMME** von Waschmaschine und Geschirrspüler und kauf technische Geräte mit möglichst wenig Strom- und Wasserverbrauch.
- Klamotten-**SCHNÄPPCHEN** machst Du, wenn Du gegen die Saison kaufst: Sommersachen im Herbst,

Wintersachen im Frühjahr.

- Überlege Dir bei **NEUANSCHAFFUNGEN** generell, ob sie notwendig sind und ob Dein Budget den Kauf aktuell zulässt.
- Bei größeren **AUSGABEN** besser eine oder zwei Nächte drüber schlafen.

92 Welche Küchenhelfer brauche ich?

Seht Ihr unten!

93 Woran erkenne ich eine gute Pfanne?

Schwere Pfannen mit einem dicken Boden (Sandwichboden/Kapselboden) sind hochwertiger als leichte Pfannen. Das liegt an der Dichte des Materials. Je dichter, desto gleichmäßiger die Wärmeverteilung und desto besser kann das Kochgeschirr Hitze speichern. Gute Pfannen sollten plan aufliegen und nicht wackeln. Ein Metallgriff ist praktisch, so kann die Pfanne auch in den Ofen.

BESSER BRATEN – MEIN UMWELTTIPP

Statt alle paar Jahre eine neue beschichtete Pfanne zu kaufen, empfehle ich, eine unbeschichtete Eisenpfanne einzubrennen. Die Patina, die durch das Einbrennen entsteht, bildet einen langlebigen Antihaftfilm, der sich durch jeden Gebrauch der Pfanne verstärkt.

Einige Hersteller von beschichteten Pfannen bieten mittlerweile an, die Pfannenlegierungen zum kleinen Preis zu erneuern.

Tipp 92: Aus meiner Erfahrung sind diese Helferlein (ohne und mit Kabel) unverzichtbar:

94 Wie viele Töpfe brauche ich?

Ihr braucht fünf Töpfe:

- Einen **FLEISCH-/SUPPENTOPF** 6–8 Liter Fassungsvermögen
- Zwei **MITTELGROSSE TÖPFE** 2–4 Liter Fassungsvermögen
- Einen **STIELTOPF/KASSEROLLE** 2 Liter Fassungsvermögen
- Einen **BRATENTOPF** 3 Liter Fassungsvermögen

FÜR TÖPFE GILT DAS GLEICHE WIE FÜR PFANNEN: Je schwerer das Kochgeschirr, desto dichter das Material, desto besser die Kochleistung. Auch hier ist ein Sandwich- oder Kapselboden ein Zeichen für Qualität. Alle Töpfe sollten über gut schließende Deckel verfügen. Edelstahltöpfe sind besonders langlebig. Wer in gute Edelstahltöpfe investiert, muss einmal tief in die Tasche greifen, hat aber sein Leben lang Freude daran.

95 Wie viele Messer brauche ich?

Vergesst die ganzen Gemüse-, Schäl-, Tomaten- und Zwiebelmesser! In einem normalen Haushalt sind nur drei Messer unverzichtbar. Diese sollten aber scharf und qualitativ hochwertig sein.

- Ein großes Kochmesser
- Ein kleines Küchenmesser
- Ein Brotmesser mit Wellenschliff

1x FLEISCH-/SUPPENTOPF
Geeignet für Hühnchen, Spaghetti, Eintopf. Dieser Topf hält meist ein Leben lang.

2x MITTELGROSSE TÖPFE
Hier ruhig zwei Größen kaufen! Der eine ist dann für Gemüse, der andere für Kartoffeln.

1x STIELTOPF
Superpraktisch für Soßen und Milch: Sollte etwas überkochen, kannst Du schnell mit einer Hand zugreifen und mit der anderen weiterrühren.

1x BRATENTOPF
Er hat einen niedrigen Rand und ist breit, damit das Fleisch darin gut angebraten und gewendet werden kann. Hm, Röstaromen … lecker!

BESSER AUSSTATTEN – MEIN UMWELTTIPP

Küchengeschirr – wie Töpfe, Pfannen und Messer – ist jeden Tag im Einsatz. Meistens sogar mehrmals. Gerade deswegen sollte es von hoher Qualität sein, damit man sich nicht jeden Tag (mehrmals) ärgert. Ich empfehle gerade hier besser nicht zu sparen, sondern lieber einmal in hochwertige Produkte zu investieren. An guten Töpfen, Pfannen und Messern hat man sein Leben lang Freude. Das spart auf Dauer nicht nur Geld, sondern auch Ressourcen und Energie.

Mit dem (scharfen) Kochmesser kann alles zerkleinert und geschnippelt werden: Gemüse, Tomaten, Zwiebeln, Kräuter, Fisch und Fleisch. Für kleinere Arbeiten, wie Augen aus Kartoffeln schneiden oder Vanillestangen aufschneiden, eignet sich das kleine Küchenmesser. Brotmesser für Brot und Brötchen.

Bei hochwertigen Messern ist die Klinge immer durchgeschmiedet, das heißt, der Klingenstahl geht durch den ganzen Griff durch. Dadurch liegt das Messer gut in der Hand.

BESSER EINKAUFEN – MEIN UMWELTTIPP

Aus Umweltgründen ist der beste Müll der, der gar nicht erst entsteht. Deswegen schon beim Einkaufen, soweit es geht, auf Plastik verzichten. Gemüse und Obst lose kaufen. Mehrwegnetz statt Plastiktütchen nutzen. Produkte mit Einwegverpackungen vermeiden. Getränke, Milch und Joghurt gibt es auch in Mehrwegflaschen und -gläsern. Aufschnitt/Käse am Stück statt in Scheiben kaufen. Finger weg von Mini-Verpackungen! Normale Größen für Nudeln, Reis, Müsli etc. kaufen und Reste zu Hause in Gläser oder andere Behälter füllen.

Kosmetik in Plastikflaschen vermeiden, lieber Seife statt Duschgel. Auch Nachfüllbeutel sind nachhaltiger als neue Verpackungen. Kosmetik und Reiniger ohne Mikroplastik bevorzugen. Zum Einkauf immer eine eigene Tasche mitbringen. Beim Kleiderkauf auf hochwertige und natürliche Materialien achten, die lange halten und bei der Wäsche keine Mikrofaser in die Umwelt abgeben.

96 Wie trenne ich Müll?

Regelmäßig diskutiere ich mit Menschen darüber, ob es sich lohnt, Müll zu sortieren, da ein großer Teil des gesammelten Plastikmülls in der „energetischen Verwertung" landet, also verbrannt wird. Der Grund: Nur sortenreine Kunststoffe können wiederverwertet werden. Deswegen ist die Quote bei Glas, Metall und Papier viel höher als bei Kunststoffen. Wenn die Chipstüte fest im Joghurtbecher steckt, kann beides nicht recycelt werden. Das heißt, je besser wir den Müll trennen, desto weniger wird verbrannt, desto besser für die Umwelt.

97 Kosten – Wie heize ich sparsam?

· Raumtemperatur mit Bedacht wählen! Jedes Grad weniger spart 6 % Heizkosten.

· Mit programmierbaren Thermostatventilen Heizzeiten für Tag und Nacht und Abwesenheit (Arbeit, Urlaub etc.) einstellen. Verschiedene Räume können durchaus verschiedene Temperaturen haben – und das zu verschiedenen Zeiten.

· Bei Abwesenheit die Heizung nicht komplett ausstellen. Ausgekühlte Räume aufzuheizen, verbraucht zu viel Energie.

· Wärmestau vermeiden. Mindestens 20 cm Platz zwischen Heizkörper und Möbeln oder Gardinen lassen.

· Zugige Fenster und Türen ausbessern.

· Dichtungsbürsten unter Eingangs- und Balkontüren anbringen.

· Vorhänge, Fensterläden und Rollläden halten die Wärme im Raum.

· Auf ausreichend Luftfeuchtigkeit achten. Mindestens dreimal täglich Stoßlüften. Fünf Minuten Durchzug reichen aus. Die Kippstellung eignet sich nur für den Sommer, wenn die Heizung nicht läuft.

· Heizungen mit Dämmplatten nachrüsten. Dann erhitzt der Heizkörper nicht mehr auch die Wand, sondern vor allem die Raumluft.

98 Wie bereite ich einen Umzug vor?

Die Größe des Haushalts und der Umfang des Hausrats entscheiden darüber, ob ein Umzug alleine zu bewerkstelligen ist oder ob besser eine professionelle Umzugsfirma übernehmen sollte. In beiden Fällen Umzugsgut sichten.

IN WELCHE TONNE?

Glas

Richtig nach Farben sortieren

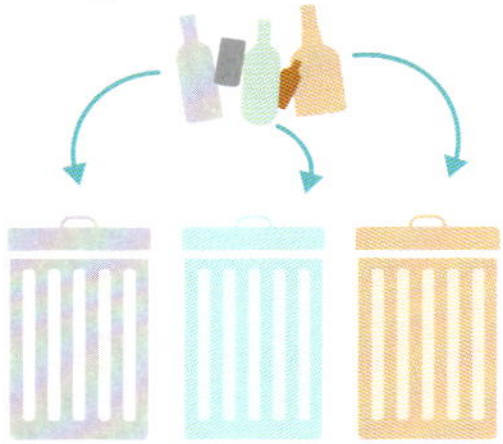

Deckel und Korken gehören nicht in den Glascontainer!

Biomüll

Alle Grün- und Küchenabfälle

Auch Gekochtes (eingewickelt in Zeitungspapier).

Gelbe Tonne/ Gelber Sack

Alle Verpackungen aus Plastik, Verbundstoff, Aluminium, Weißblech

Deckel und Verschlüsse getrennt wegwerfen.

Keine Plastikteile ineinanderstopfen!

Papier

Papier, Pappe und Kartons

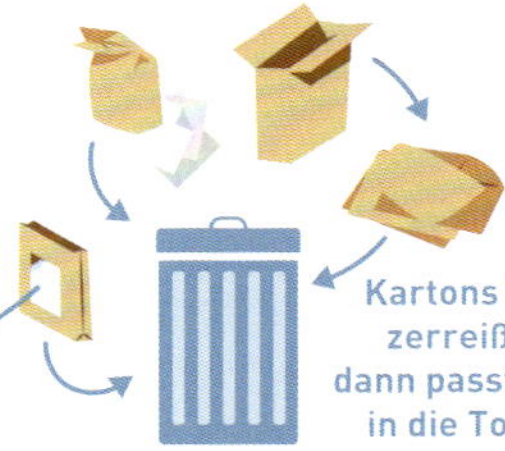

Kartons bitte zerreißen, dann passt mehr in die Tonne.

Bei Papier mit einem Kunststoffanteil die Materialien sauber trennen.

Restmüll

Alle anderen nicht verwertbaren Stoffe, die keine Schadstoffe enthalten

Auch Medikamente werden hier entsorgt.

Sondermüll

Batterien, Elektrogeräte, Energiesparlampen, Datenträger, Textilien und Bauabfälle

Sie müssen an einer Sammelstelle oder auf Wertstoffhöfen entsorgt werden.

- Verschaffe Dir einen **ÜBERBLICK** über den kompletten Inhalt der Wohnung oder des Hauses samt Keller, Garage, Dachboden etc.

- Entscheide im Vorfeld, welche Sachen tatsächlich mitsollen und welche nicht. Alle Gegenstände unter diesem Aspekt einmal in die Hand nehmen: Bücher, Klamotten, Möbel, CDs, Zeitschriften, Geschirr, Küchenausstattung, aber auch Möbel, Lampen etc. Passt alles in die neue Bleibe? Und passt es zusammen? Hinweise zum Aussortieren findet Ihr in Tipp 88 und 89.

- Sachen, die nicht in Gebrauch sind, können schon vor dem eigentlichen Umzug gepackt werden.

- Eine Kiste für wichtige Sachen am Umzugstag reservieren (Computer, Unterlagen, Wecker, die Dinge, die man schnell wieder braucht ...).

- Nicht vergessen zu beschriften, in welchen Raum der Karton gebracht werden soll. Alle Gegenstände, die in der neuen Wohnung beispielsweise ins Schlafzimmer gehören, sollten am Umzugstag im Schlafzimmer stehen.

- Wertvolles fotografieren, damit man im Schadenfall einen Nachweis für die Versicherung hat.

MEIN TIPP

Trenne Dich vor dem Einpacken von überflüssigen Dingen. Erfahrungsgemäß fliegt das, was erst mal mit umgezogen ist, nie mehr raus ...

- Seriöses Umzugsunternehmen wählen. Es gibt viele schwarze Schafe auf dem Markt.

- Wenn Ihr den Umzug selber durchführt, rechtzeitig eine Genehmigung für eine Halteverbotszone einholen, damit Ihr an der Be- und Entladestelle den Möbelwagen parken könnt.

- Rechtzeitig einen Lkw bestellen! Am Monatsende sind sie oft nur mit langer Vorlaufzeit zu kriegen.

- Ausreichend Getränke und Verpflegung für Helfer besorgen.

99 Wie löse ich einen Haushalt auf?

Zunächst alle organisatorischen Dinge erledigen:

- Verträge, Mietverhältnis, Strom, Gas, Versicherungen kündigen.

- Alle laufenden Kosten überprüfen und wenn nötig Verträge beenden.

- Wertgegenstände (Schmuck, Uhren, Bargeld, Sparbücher) sichern. Gegebenenfalls auch persönliche Gegenstände, wie Fotos, Briefe, Tagebücher, Behördenkorrespondenz etc. Vielleicht möchten sich Verwandte oder Freunde Erinnerungsstücke aus dem Haushalt mitnehmen?

Bei vielen hochwertigen Möbeln oder teurem Hausrat übernehmen einige Entrümpelungsfirmen die Auflösung kostenlos. Kleidung, Handtücher und Bettwäsche, die nicht mehr zu gebrauchen sind, wegschmeißen. Teure Garderobe kann zum Kauf angeboten, alles, was noch in Ordnung ist, verschenkt oder gespendet werden.

Viele gebrauchte Möbel, Gemälde, Geräte, Gebrauchsgegenstände, Geschirr und Hausrat finden noch Käufer. Generell gilt: Markenartikel sind heiß begehrt. Ein Haus-Flohmarkt ist eine gute Möglichkeit, schnell vieles auf einmal loszuwerden. Für Gratismöbel und Haushaltswaren gibt es auf Online-Plattformen immer Interessenten. Auch Sozialkaufhäuser oder die örtlichen Entsorgungsunternehmen nehmen oft noch gut erhaltene gebrauchte Möbel an.

Alles, was jetzt noch übrig ist, landet auf dem Müll. Dafür entweder eine Entrümpelungsfirma anrufen oder selber auf den Recyclinghof fahren.

Tipp 98: Ausmisten vor dem Umzug spart Platz, Zeit und Geld. Denn je weniger mitgenommen wird, desto günstiger wird es.

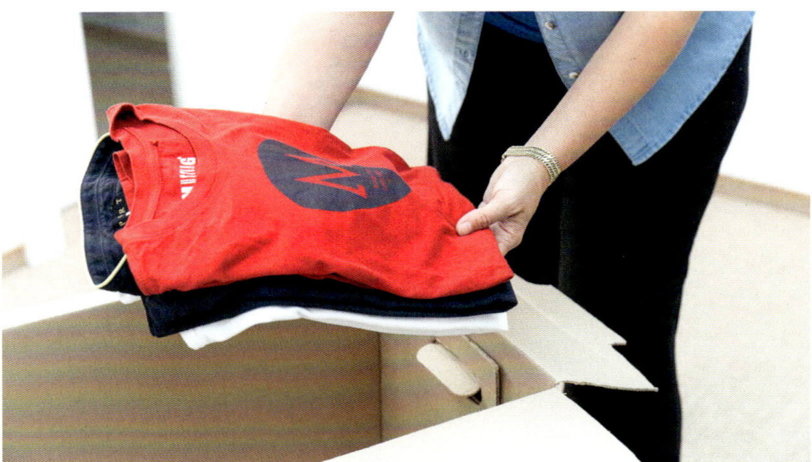

BESSER EINKAUFEN

EINKAUFEN im Supermarkt und im Discounter hat sich verändert im Laufe der Jahre. Überall entstehen Wohlfühloasen, in denen wir uns mit Lebensmitteln versorgen können. Neben dem reinen Einkauf wird uns so beim Betreten eines Ladens auch ein wenig Eventfeeling geboten.

Und während die einen in der Pandemiezeit glücklich waren, wenigstens im Supermarkt etwas Abwechslung zu bekommen, sind die anderen zu wahren Hamsterkäufern mutiert, die möglichst viel in ihre Vorratskammern geschleppt haben, um sich nicht zu oft in die Gefahrenzone zu begeben.

Meine Mutter, Bekannte und auch ich selbst sind so gut wie gar nicht mehr in den Supermarkt gegangen, sondern haben uns alles liefern lassen und auch Kochboxen ausprobiert. Wir haben festgestellt, dass wir durch unsere Biokisten, den Tiefkühllieferanten und den mobilen Supermarkt viel weniger Geld ausgegeben haben und auch weniger Lebensmittel in die Tonne werfen mussten. Die teuren Spontankäufe, die ganz typisch sind für einen normalen Einkauf, sind komplett weggefallen, und jeder hat wirklich nur das bestellt, was auf dem Wochenspeiseplan stand. Der gehört übrigens immer noch zu meiner Routine, auch wenn die Kinder längst aus dem Haus sind. Notieren muss ich mir den nicht mehr. Aber im Kopf habe ich immer eine sehr genaue Vorstellung davon, was wir wann essen werden und was dazu noch gekauft werden muss. Ist mir in Fleisch und Blut übergegangen, aber ich mach das ja auch schon fast 30 Jahre.

Wichtig ist mir aber eines, egal ob Ihr stationär einkauft oder Euch alles liefern lasst, plant ein wenig Zeit ein, um die Produkte gut zu verstauen, so werden weniger Lebensmittel schlecht – und Ihr habt einen besseren Überblick über Euren Vorrat.

100 Wie bewahre ich Lebensmittel auf?

In den Kühlschrank gehören Fleisch, Wurst, Fisch, Milchprodukte und Gemüse. Ausnahmen sind hier: Tomaten, Kartoffeln, Auberginen und Kürbis. Für Obst gilt die Faustregel: Heimisches mag es kühl, Exotisches eher warm.

Bevor die Früchte in die Gemüse- oder 0-Grad-Fächer des Kühlschranks kommen, sollten sie ausgepackt werden. Abwaschen aber besser erst kurz vor dem Verzehr,

Tipp 101: Vorräte am besten immer in luftdichten Verpackungen verwahren. So sind sie sicher vor Lebensmittelmotten geschützt.

denn der Kontakt mit Wasser macht sie empfindlicher für Keime. Einige Sorten sondern das Reifegas Ethylen ab. Das beschleunigt den Reifeprozess danebenliegender Früchte und Blumen. Deswegen Äpfel, Birnen, Aprikosen, Pfirsiche, Pflaumen und Tomaten besser getrennt von anderem Obst und Gemüse aufbewahren.

Kartoffeln luftig, kühl, dunkel und trocken lagern.

101 Wie viele Vorräte sind sinnvoll?

Ein kleiner, gut gefüllter Vorratsschrank ist Gold wert. Nimmt man etwas aus dem Schrank, sollte es schnell wieder aufgefüllt werden, sonst erfüllt er bald nicht mehr seinen Zweck. Die Vorratsmengen an die Anzahl der im Haushalt lebenden Personen anpassen. Für einen Single-Haushalt reicht eine Nudelpackung, für eine Familie mit sechs Personen eher zwei oder drei. Die einzelnen Vorräte (Kartoffeln, Reis etc.) sollten für etwa ein Essen für alle reichen. Wie mein Vorratsschrank aussieht, seht Ihr auf Seite 99.

FRISCHE LEBENSMITTEL RICHTIG LAGERN

Fleisch und Fisch gehören in den Kühlschank. Am besten ins 0-Grad-Fach oder die kühlste Stelle des Kühlschranks. Beim Einkauf eine Kühltasche mitnehmen, um die Kühlkette nicht zu unterbrechen. Fleisch und Fisch erst am Ende des Einkaufs in den Wagen legen.

Wie lange hält sich Fleisch im Kühlschrank?

- Rindfleisch 3–4 Tage
- Kalb- und Schweinefleisch 2–3 Tage
- Geflügelfleisch 1–2 Tage
- Hackfleisch am besten am selben Tag verarbeiten. Auf Verbrauchsdatum achten!

Nicht alle **Obst- und Gemüsesorten** gehören in den Kühlschrank. Heimisches mag es kühl, Tropisches lieber warm.

Unempfindlich gegen kalte Temperaturen sind etwa: Äpfel, Aprikosen, Beeren, Birnen, Kirschen, Kiwi, Pflaumen, Pfirsiche, Weintrauben, Blattsalate, Blumenkohl, Brokkoli, Erbsen, Gurken, Kohl, Möhren, Paprika, Sellerie, Spinat, Zucchini.

Nicht in den Kühlschrank dagegen gehören: Ananas, Bananen, Granatäpfel, Mangos, Melonen, Papayas, Zitrusfrüchte, Auberginen, Bohnen, Kartoffeln, Kürbis und Tomaten.

Milchprodukte wie Käsestücke halten sich bis zu drei Wochen im Kühlschrank. Besser nicht luftdicht verpacken, sonst schimmeln sie schnell. Bei Schnittkäse mit Rinde die Schnittstelle mit Klarsichtfolie abdecken, Rinde aber freilassen, damit der Käse atmen kann. Joghurt, Milch, Quark und Co. sollen kühl im Kühlschrank gelagert werden. Sie halten oft viel länger, als das Mindesthaltbarkeitsdatum angibt. Ist das MHD abgelaufen, Produkt anschauen, riechen und kosten, ob es noch in Ordnung ist, bevor es in den Müll kommt.

Brot hält sich am besten in einem Tontopf. Angeschnittenes Brot immer mit der Schnittfläche nach unten lagern, damit es nicht austrocknet. Besonders saftig bleibt es, wenn man noch ein Stück Apfel mit in den Brotkasten legt.

102 Wie bleibt gemahlener Kaffee frisch?

Gemahlener Kaffee, aber auch Kaffeebohnen verlieren durch Licht, Wärme, Sauerstoff und Feuchtigkeit an Aroma. Schon bei Zimmertemperatur beginnen die typischen ätherischen Öle zu oxidieren und werden ranzig. Daher sollte Kaffee immer fest verschlossen an einem kühlen, dunklen und trockenen Ort lagern. Ideal ist ein lichtundurchlässiges und luftdicht verschließbares Gefäß aus Metall. So hält das Kaffeearoma etwa vier Wochen lang.

103 Wie lange halten angebrochene Grillsoßen?

Die meisten Grillsoßen werden – ähnlich wie Ketchup – auf der Basis von Tomaten, Essig und viel Salz oder viel Zucker hergestellt. Das konserviert. Deswegen halten die meisten Soßen offen bis zu drei Monate im Kühlschrank. Senf kann eigentlich gar nicht schlecht werden. Wie Honig konserviert er sich selbst. Er kann aber Geschmack, Schärfe und Farbe verändern. Dunkel im Kühlschrank aufbewahrt ist er vor diesen Veränderungen länger geschützt als bei

Tipp 102: Gemahlener Kaffee schmeckt frisch am besten. Das Aroma hält sich ein paar Wochen, wenn er luftdicht, kühl und trocken gelagert wird.

MEIN VORRATSSCHRANK

Tipp 101: Klein, aber fein, so muss ein guter Vorratsschrank sein – meiner sieht so aus. Mengen bitte an die Haushaltsgröße anpassen.

Tipp 103: Die meisten Fertigsoßen sind aufgrund ihrer Rezeptur (viel Zucker und/oder viel Salz) mehrere Monate lang haltbar.

Zimmertemperatur. Hat sich oben auf der Masse etwas Flüssigkeit abgesetzt, einfach umrühren.

FAUSTREGEL: Sieht es noch gut aus und riecht und schmeckt es noch gut, ist es auch gut. Das kann auch lange nach Ablauf des Mindesthaltbarkeitsdatums sein.

Beim Entnehmen immer auf sauberes Besteck achten!

104 Wie kaufe ich günstig ein?

Am günstigsten sind geplante Einkäufe mit einem Einkaufszettel, der planmäßig abgearbeitet wird. Im Idealfall ist er in der Reihenfolge geschrieben, in der die Waren im Laden zu finden sind. Allerdings gehört zu einem brauchbaren Einkaufszettel ein vollständiger Essensplan für die Woche. So lassen sich (teure) Impulskäufe vermeiden.

Nicht vergessen vor dem Einkauf im Kühlschrank zu schauen, ob noch Reste aufzubrauchen sind. Generell gilt: Fertigprodukte sind teurer, als selber zu kochen. Saisonale und regionale Lebensmittel sind oft besonders günstig und besonders frisch: Blumenkohl im Winter, Salat im Sommer, Äpfel im Herbst etc.

Auf Angebote achten. Wenn Produkte schnell verarbeitet oder gegessen werden, lohnen sich reduzierte Artikel, die kurz vor Ablauf des MHD sind.

Teure Waren stehen im Geschäft auf Augenhöhe, billiger ist es meistens oben oder unten in den Regalen. No-Name-Produkte sind meist genauso gut wie Markenware.

Abends oder am Samstagnachmittag sind Wurst, Fleisch, Fisch und Obst und Gemüse im Geschäft oft besonders günstig. Auch auf dem Wochenmarkt wird kurz vor Schluss noch mal ordentlich reduziert. Wasser zu kaufen, kannst Du Dir getrost sparen. Unser Trinkwasser ist von ausgezeichneter Qualität. Investiere lieber einmal in einen Wassersprudler. (Mehr Sparpotentiale im Haushalt findet Ihr in Tipp 91 auf Seite 84.)

105 Wie vergleiche ich Preise miteinander?

Ein Kostenvergleich von gleichen Produkten in unterschiedlichen Verpackungsgrößen ist mit dem Grundpreis möglich. Er gibt den Preis für 1 Kilogramm / 100 Gramm oder 1 Liter / 100 Milliliter an und ist eine Pflichtangabe am Warenregal. Oft stellt sich eine angeblich günstige Großpackung als Mogelpackung

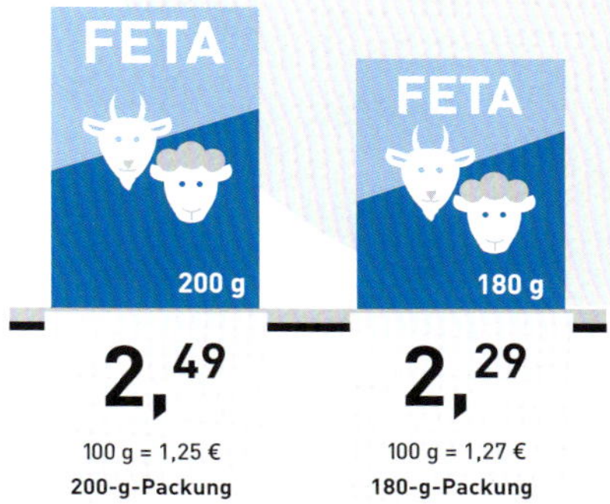

Tipp 105: Beim Preisvergleich immer auf den Grundpreis achten.

heraus. Auch unterschiedliche Produkte lassen sich gut mit dem Grundpreis vergleichen. Da fällt z. B. schnell auf, dass das vermeintlich günstigere Produkt weniger Gewicht oder Inhalt hat und im Endeffekt teurer ist als das mit dem höheren Produktpreis.

106 Sind die Eigenmarken der Lebensmittelhändler gut?

Die Handelsmarken der großen Lebensmittelketten bieten gute und sehr gute Qualität günstig an. Das Preis-Leistungs-Verhältnis ist kaum zu toppen. Oft werden die Produkte nach den Vorgaben der Händler von großen Markenherstellern produziert. Bei Stiftung Warentest schneiden sie regelmäßig mit „gut" und „sehr gut" ab. In zahlreichen Tests

LÄNGER HALTBAR – MEIN UMWELTTIPP

Das Mindesthaltbarkeitsdatum (MHD) ist ein Qualitätsversprechen an die Verbraucher. Die meisten Hersteller gehen auf Nummer sicher und planen bei der Berechnung des Datums die absolute Untergrenze ein, berücksichtigen dabei noch eventuelle Lagerungsfehler, Transportwege, Unterbrechung der Kühlkette etc. Das MHD ist also kein Wegwerfdatum.

Nach Ablauf der Frist ist das Produkt in der Regel noch völlig in Ordnung. Vertraut Euren Sinnen und schaut, riecht und kostet, ob ein Produkt noch genießbar ist oder nicht. Sieht es komisch aus: Weg damit! Duftet es ungewöhnlich säuerlich, muffig oder irgendwie untypisch, auch lieber weg damit. Riecht es normal und sieht gut aus, einfach mal probieren. Wenn es nicht mehr gut ist, merkt man das schnell.

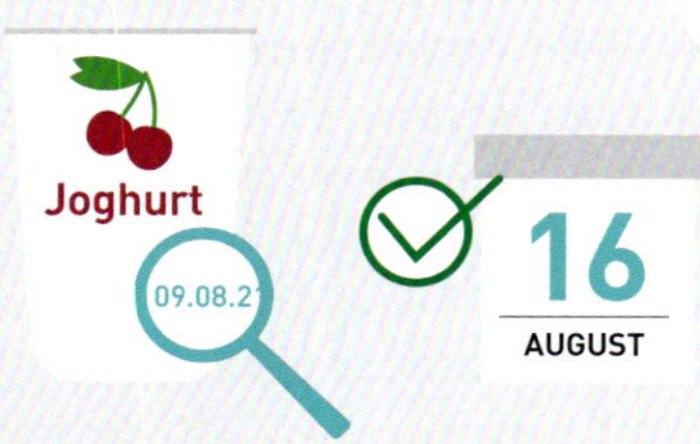

hat sich gezeigt, dass sich z. B. Markenwaschmittel und No-Name-Produkte in ihrer Wirkung kaum voneinander unterscheiden.

107 Wie erkenne ich gute Lebensmittel?

Jedenfalls nicht an der Verpackung oder am Preis und oft auch nicht an der Zutatenliste. Die gibt zwar Auskunft darüber, was in dem Produkt enthalten ist, aber nicht darüber in welcher Qualität. Ob z. B. Eier aus Bodenhaltung oder Freilandhaltung verwendet werden, ist keine Pflichtangabe. Dennoch kann man am Zutatenverzeichnis einiges ablesen.

- Je kürzer es ist, desto hochwertiger das Produkt. Steht das Hauptprodukt an erster Stelle, ist das ein gutes Zeichen, denn die Zutatenliste führt die enthaltenen Inhaltsstoffe in absteigender Reihenfolge auf. Das heißt, die Zutat, von der am meisten im Produkt steckt, steht an erster Stelle. Die Zutat, von der am wenigsten enthalten ist, an letzter.

- Auf der Nährwerttabelle ist der Fett- und Zuckergehalt des Lebensmittels aufgeführt. Achtung! Schau hier auf die 100-Gramm-Angabe! Oft werden Kalorien in Portionsgrößen von 30 Gramm angegeben …

Tipp 107: Wie gut sind Lebensmittel? Oft nur schwer oder gar nicht auf der Lebensmittelpackung zu erkennen. Die Zutatenliste und die Nährwerttabelle geben wichtige Hinweise.

- Trau den Begriffen „regional" oder „natürlich" nicht. Sie haben bei verarbeiteten Lebensmitteln keine Aussagekraft, da sie nicht gesetzlich geschützt sind.
- Genauso wie Logos, Label und andere Auszeichnungen. Die können sich Hersteller selber verleihen.
- Siegel dagegen sind Gütezeichen mit klaren Qualitätskriterien, die von einer übergeordneten Behörde regelmäßig überprüft werden, so wie das Bio-Siegel oder das Fairtrade-Siegel.

108 Wie erkenne ich, wo Lebensmittel herkommen?

Manchmal ist es gar nicht zu erkennen. Denn die Herkunftsangabe ist nur für einige Lebensmittelgruppen verpflichtend. Zum Beispiel für frisches, unverarbeitetes Fleisch, für viele (aber nicht alle) frischen Obst- und Gemüsesorten und für frische Eier. Verarbeitete Lebensmittel – und das sind schon gesalzene, gewürzte oder geröstete Produkte sowie Lebensmittel in Konserven oder TK-Ware – müssen ihr Ursprungsland nicht nennen. Einige Hersteller kennzeichnen aber freiwillig, wo ihre Waren angebaut oder verarbeitet wurden. Steht kein Herkunftsland auf der Verpackung, lohnt sich eine E-Mail an den Produzenten.

109 Soll ich auf Palmöl verzichten?

Das ist eine sehr kniffelige Frage, denn Palmöl ist zwar umstritten, hat aber auch viele Vorteile. Denn Palmöl ist einerseits sehr vielseitig in der Kosmetik- und Lebensmittelbranche einsetzbar, vor allem aber besonders ertragreich. Es verbraucht deutlich weniger Fläche als andere Ölpflanzen, etwa Raps oder Soja. Einige Studien kommen zu dem Schluss, dass Palmöl weltweit gesehen günstiger für die Umwelt ist als andere Pflanzenöle.

Allerdings hat der extensive Anbau dramatische Auswirkungen: Für Palmöl-Plantagen werden Urwaldflächen gerodet und Torfmoore trockengelegt, oft illegal, manchmal aber auch legal. Viele Tiere verlieren ihren Lebensraum, und wir alle verlieren für unser Klima wichtige CO_2-Speicher. Der extensive Anbau von Palmöl hat also dramatische Auswirkungen. Einen Boykott halten viele Umweltorganisationen, unter anderem auch Greenpeace, trotzdem nicht für sinnvoll, denn das Palmöl sichert auch die Existenz der Bauern vor Ort. Stattdessen empfiehlt Greenpeace, auf Produkte mit dem Bio-Siegel auszuweichen. Hier ist die Art des Anbaus nachhaltiger. Ich selber nutze nur wenig Palmölprodukte und schaue mir immer die Inhaltsstoffe an.

110 Was bedeutet „Kann Spuren von … enthalten"?

Der Hinweis bezieht sich in den allermeisten Fällen auf die 14 in der EU kennzeichnungspflichtigen Allergene, also Stoffe, die Allergien oder Unverträglichkeiten auslösen können. Dazu gehören Fisch, Krebstiere, Weichtiere, Eier und Milch, Sulfite, außerdem Sellerie, glutenhaltiges Getreide, Erdnüsse, Sojabohnen, Schalenfrüchte, Senf, Sesam, Schwefeldioxid und Lupine. Der Hinweis „Kann Spuren von xy enthalten" ist eine freiwillige Angabe der Lebensmittelanbieter. Er bezieht sich auf eine mögliche Verunreinigung bei Lagerung, Transport oder Produktion. Verunreinigungen können im weltweiten Warenverkehr nie zu 100 % ausgeschlossen werden, genauso wie in Produktionsstätten, in denen verschiedene Lebensmittel hergestellt werden. Produziert eine Fabrik an einem Tag Schokolade mit Nüssen und am anderen Schokolade ohne Nüsse, kann selbst nach der vorschriftsmäßigen Reinigung der

Produktionsstraße ein Nusskrümel von gestern in der Vollmilchschokolade von heute landen. Mit dem Hinweis „Kann Spuren von Nüssen enthalten" schützt sich der Hersteller vor Haftungsansprüchen. Übrigens: Auch Produkte ohne Hinweis können mit Allergenen verunreinigt sein.

111 Wie kann ich beim Kochen Alkohol ersetzen?

Viele meinen, Alkohol verkocht bei der Zubereitung, das stimmt aber nicht ganz. In einer Studie war selbst nach einer halben Stunde Kochzeit noch 35 % des Alkohols vorhanden. Für deftige Gerichte kann Weißwein je nach Geschmack mit Brühe oder Apfelsaft ersetzt werden. Rotwein mit Brühe oder Traubensaft. Fehlt die Säure, mit Balsamico-Essig vorsichtig ausgleichen. Statt eines intensiven Likörs wie Amaretto passt Mandelaroma.

ABER ACHTUNG: Abgewandelte Rezepte schmecken anders als das Original.

FAZIT

Yvonne: Liebe Steffi, wie lange kennen wir uns jetzt schon?

Steffi: Liebe Yvonne, 2012 haben wir das erste Mal zusammen für die Rubrik „Mogelpackung" in der WDR-Servicezeit gedreht. Weißt Du noch? Wir haben uns gleich gut verstanden, auch weil alles akribisch vorbereitet war. Ich wusste nämlich schon vorher, dass es Dir wichtig ist, dass alles doppelt recherchiert und inhaltlich korrekt ist.

Yvonne: Stimmt, und damals hast Du Dich ja auch mit ganz anderen Themen beschäftigt. Von Nachrichten über Reportagen bis zu Dokusoaps über Zoos war alles dabei. Warum hat Dich der Bereich Verbraucher-journalismus/Haushalt gereizt?

Steffi: Ich finde ja, dass jedes Thema, mit dem man sich näher beschäftigt, Spannendes zu bieten hat. Bei der „Mogelpackung" hat mich der investigative Ansatz gereizt, Verbrauchertäuschung – oder juristisch besser: VerbraucherENTtäuschung – zu finden und öffentlich zu machen. Zu den Haushaltsthemen bin ich dann erst später durch Dich gekommen.

Yvonne: Wer Dich kennt, weiß, dass Du immer bis ins Letzte vorbereitet bist. Warst Du überrascht, wie viele Fragen es rund um den Haushalt gibt und dass die Antworten nicht profan, sondern auch gut recherchiert sein müssen?

Steffi: Ganz ehrlich, bei meinem ersten Haushalts-Check zum Thema „Waschen" habe ich mehr gelernt, als ich je dachte, dass es zu Wäsche und Wäschewaschen zu lernen gibt. Das hat sich in allen anderen Bereichen fortgesetzt, ob Putzen, Staubsaugen oder Küchenausstattung. Ein paar Kenntnisse in Chemie und Physik helfen, um die wichtigsten Prinzipien im Haushalt zu verstehen. Mittlerweile weiß ich gut Bescheid und wende mein Wissen auch zu Hause an.

Yvonne: Als wir uns kennenlernten, warst Du gerade mit Mann und einem kleinen Kind dabei, Euer Familienleben zu managen. Hast Du profitiert von unseren gemeinsamen Themen rund um Alltag und Haushalt?

Steffi: Absolut. Wenn ich Dich nicht kennengelernt hätte, hätte ich sicher ein paar Waschmittel und Putzmittel mehr im Schrank stehen – und mehr „nicht zu entfernende" Flecken in den Klamotten.

Yvonne: Wir haben uns jetzt seit Jahren nicht live gesehen. Wieso klappt das trotzdem mit unserer Zusammenarbeit?

Steffi: Weil wir auf einer Wellenlänge liegen, was das Persönliche und Inhalte betrifft. Außerdem: So viele Jahre waren es gar nicht – wegen Corona ist es noch eins mehr geworden. Dieses Jahr schaffen wir es ja vielleicht noch mal.

Yvonne: Toll, dass wir auch im Verlag Menschen gefunden haben, die uns freie Hand lassen. Nicht selbstverständlich, oder?

Steffi: Vielen Dank an dieser Stelle an das Team von Edition Essentials. Immer wieder eine tolle, professionelle und dabei noch lustige Zusammenarbeit. Besonders an Dorina und Anika, die das Projekt diesmal federführend begleitet haben. Es hat wieder viel Spaß gemacht, oder?

Yvonne: Auf jeden Fall! Mir gefällt besonders gut, dass wir mit diesem Buch wirklich ganz nah an unseren LeserInnen sind. Das hat mir besonders viel Spaß gemacht. Auch weil ich merke, wie wichtig vielen Menschen unsere Tipps sind. Das sehen wir ja auch an unserem Blog:
www.yvonnewillicks.de/blog/
Da sind und bleiben wir auch weiterhin mit den Usern verbunden.

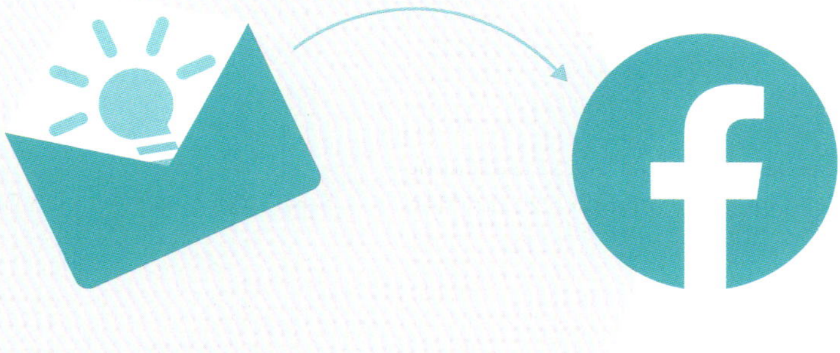

Auf meiner Facebook-Seite und auf **www.yvonnewillicks.de** könnt Ihr uns schreiben.